KB238946

모바일
커뮤니티의
특성 연구

만족, 재방문에 미치는 영향

Mobile

모바일 커뮤니티의 특성 연구

만족, 재방문에 미치는 영향

김윤호 지음

한국학술정보㈜

머리말

전세계 이동전화서비스 시장은 연평균 13.8%가량 성장하여 2001년 3,521억 달러 규모에서 2005년에는 5,525억 달러로 성장할 것으로 예상되고 있다. 특히, 세계적으로 무선인터넷의 보급이 빠르게 확산될 것으로 전망되는데, 전세계 무선인터넷 사용자의 수는 2001년 9,600만 명에서 2006년에는 약 10억 4,850만 명으로 증가하였다.

전세계 모바일 커뮤니티 서비스는 모바일 시장의 확대와 함께 급성장하고 있는데, 휴대폰은 개인이 갖고 다니면서 이동중 다양한 상황이나 조건에 맞추어 친구를 만나거나 비즈니스 정보를 얻을 수 있으며, 은밀한 개인적 대화의 수단으로 활용하고 있다. 이러한 커뮤니티 서비스는 기존 특정 지역의 위치 정보만을 제공하던 서비스에서 사용자의 정황(이동 방향이나 장소)에 맞춰 실시간으로 친구·점포 등의 정보를 주고 받을 수 있는 서비스 체계로 변모하고 있다.

현재까지의 커뮤니티에 대한 연구는 가상 커뮤니티라는 인터넷 기반의 온라인 커뮤니티에 대한 연구가 주로 이루어졌으며, Durlacher research, Ovum research 등 일부 컨설팅 업체에서 온라인 커뮤니티의 성공요인과 고유한 특성, 세계 각국의 모바일 커머스의 활성화에 대한 동향 및 전망 보고서 등을 발행하고 있는 정도이다.

본 연구에서는 모바일 커뮤니티 사용자가 지각한 사용성·사회관계성·콘텐츠 특성에 관련된 변수들을 도출하고, 이들 특성이 재방문 의도에 어떠한 영향을 미치는가를 살펴보고, 지각된 커뮤니티 특성과 재방문 의도사이에 전반적인 만족이 어떠한 매개효과를 하는지 살펴보았다.

이 책의 출판을 기꺼이 허락해 주신 한국학술정보(주)에 감사드린다. 이 책을 쓸 수 있도록 격려와 동기부여를 주신 아버지와 사랑스런 아내와 두아들, 그리고 학교 관계자와 직장 동료 여러분, 논문심사 위원들, 그리고 많은 분들의 기도 덕분에 이 책이 완성되었다. 이 책을 살아계시고 이 시간에도 역사하시는 하나님께 바친다.

2007. 9.
저자 김윤호 드림

목 차

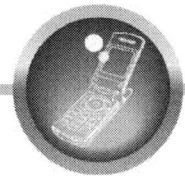

제 1장

서 론

제1절 연구의 배경과 목적

1. 연구의 배경

전세계 이동전화서비스 시장은 연평균 13.8%가량 성장하여 2001년 3,521억 달러규모에서 2005년에는 5,525억 달러로 성장할 것으로 예상되고 있다. 특히, 세계적으로 무선인터넷의 보급이 빠르게 확산될 것으로 전망되는데, 전세계 무선인터넷 사용자의 수는 2001년 9,600만 명에서 2006년에는 약 10억 4,850만 명으로 증가할 것으로 전망되며(ARC Group, 2001), 국내 무선인터넷 가입자 수도 2003년 12월말 현재 총 3,143만 명으로 전체 이동전화 가입자 3,359만 명의 93.6%를 차지하고 있다(정보통신부, 2004).

프랑스 WASP Freever에 의하면 커뮤니티 어플리케이션을 포함한 부가가치화된 모바일 서비스는 서유럽 운영자의 전체 SMS(short messaging service)·MMS(multi messaging service) 트래픽을 현재의 10%에서 2004년까지 20~30%까지 높일 수 있을 것으로 예상하고 있다(Berridge, 2002). 또한 커뮤니티 어플리케이션은 점차 부가가치서비스 시장의 핵심이 될 것이며 장기적 지속성으로 인해 게임이나 다운로드보다 중요한 역할을 담당하게 될 것이다.

커뮤니티 서비스는 채팅, 게시판, 동호회, 클럽 등의 서비스를 통해 네트워크 공간에서 가상 커뮤니티를 형성하고 참여하는 회원간에 긴밀한 연대감과 소속감을 가지게 하여 지속적인 방문을 유도하여 회원 확보와 로열티 증대에 매우 효과적인 도구가 되고 있다. 이러한 특성 때문에 커뮤니티 서비스는 인터넷 포탈 서비스의 4대 구성 요

소인 4C (content, community, communication, commerce) 중 신규
가입자 확보 및 기존 가입자의 유출을 막는데 가장 효과적인 서비스
로 평가되고 있다. 특히, 모바일 커뮤니티는 새롭게 창조된 공간이라
기보다는 가장 기초적인 수준에서의 인적 커뮤니티가 물리적 커뮤니
티에서 온라인 커뮤니티로 확대되었고 최근에는 모바일 커뮤니티로
확산되고 있다(Berridge, 2002).

현재까지의 커뮤니티에 대한 연구는 가상 커뮤니티라는 인터넷 기
반의 온라인 커뮤니티에 대한 연구가 주로 이루어졌으며, Durlacher
research, Ovum research, Forrest research, ARC group 등 일부 컨
설팅 업체에서 온라인 커뮤니티의 성공요인과 고유한 특성, 세계 각
국의 m-commerce의 활성화에 대한 동향 및 전망 보고서 등을 발행
하고 있는 정도이다. 연구논문으로는 Preece 등(2003)이 환자지원,
교육, e-비즈니스 등에 대한 온라인 커뮤니티의 유형별 연구를
수행한 것이 있으며, Koch 등(2002)의 COSMOS(community online
service and mobile solutions) 프로젝트, Warms 등(2000)의 커뮤니
티 영향에 따른 비즈니스 모델 분류 등 미국·유럽을 중심으로 기업
의 모바일 커뮤니티의 실증 연구가 시작되고 있다.

모바일에 관한 연구는 고객 중심적인 연구보다는 기술 중심적인 연
구에 치우쳐 있다(Kristorffersen 등, 1999). 고객이 모바일 인터넷을
어떠한 이유에서 사용하며, 모바일 인터넷을 선택하는데 어떠한 요인
을 고려하는지, 기존 인터넷이나 다른 매체와 차별화된 모바일만의
특징으로 인해 모바일 인터넷서비스를 사용하는 고객에게 어떠한 요
인이 중요하게 생각되는 지에 대한 연구가 필요한 시점이다. 따라서
다양화된 소비자의 욕구를 파악하고 고객의 충성도를 높이기 위한 수
단으로 모바일 커뮤니티를 전략적으로 활용할 가치가 있는 것이다.

2. 연구의 목적

소비자의 욕구가 이전보다 더욱 다양화·감성화·개별화 되어감에 따라 마케팅의 세그먼트가 개인수준으로 세밀화되는 추세를 고려해볼 때, 개인의 심리적 성향과 온라인 매체간의 관계에 대한 이해는 기업의 고객전략 수립에 있어 매우 중요한 요소이다. 커뮤니티를 통해 사람들은 제품과 서비스에 관해 의사소통을 하고, 기업의 선호와 고객의 태도에 대한 가치있는 정보를 제공한다. 가상 커뮤니티는 시장 연구에 유용하며, 새롭게 고객에 맞춘 제품이나 서비스를 창조하며, 이를 통해 고객의 충성도를 높이고 기업의 수익을 증가시킨다(Hagel 등, 1997).

휴대폰은 많은 사람이 보편적으로 사용하는 기계이기 때문에 사용자가 정보기기를 다루기 쉽도록 만들어져야 하는데, 이는 맨-머신 인터페이스(man-machine interface)의 유연성에 달려 있다. 기존 연구를 통하여 컴퓨터 매체에 익숙한 이용자들이 컴퓨터와의 상호작용에서 더 탐색적인 경향을 보인다는 사실이 입증된 바 있다(Novak 등, 1997; Travino 등, 1992). 본 연구에서는 이러한 경향이 컴퓨터와 상호작용하는 순간의 탐색적 경향뿐 아니라, 일상적인 인터넷 이용 형태, 더 나아가 휴대폰 이용형태에까지도 영향을 미칠 것이라고 본다. 스스로 휴대폰을 잘 다룰 줄 안다고 느끼는 자신감은 이용자들을 더 자주 무선인터넷에 접속하게 만들 것이며, 나아가 그 안에서 더 활발하게 상호작용하게 할 것이다. 즉, 기계적 익숙도가 높은 이용자들일수록 무선인터넷의 이용량이 더 많아지게 되며, 이러한 경향은 또 기계 상호작용 활동 뿐 아니라 인간 상호작용 활동에서 마찬가지일 것이라고 생각된다(Hiltz등, 1986).

모바일 커뮤니티의 성패는 새로운 기술의 개발과 인프라의 구축에 있기 보다는 주어진 인프라를 잘 활용하여 최대한 효율적으로 활용하여 사용자에게 적합한 서비스와 상품을 제공해야 하는데 있다. 본 연구에서는 모바일 커뮤니티 사용자가 지각한 특성을 맨-머신 인터페이스 개념에 맞추어 Man 측면의 사회관계성 특성, Machine측면의 콘텐츠 특성, Interface측면의 사용성 특성으로 분류하여 연구하였다.

즉, 본 연구는 모바일 커뮤니티 사용자가 지각한 사용성·사회관계성·콘텐츠 특성에 관련된 변수들을 도출하고, 이들 특성이 재방문 의도에 어떠한 영향을 미치는가를 살펴보고, 지각된 커뮤니티 특성과 재방문 의도사이에 전반적인 만족이 어떠한 매개효과를 하는지 살펴보았다.

본 과제와 관련된 구체적인 연구 목적은 다음과 같다.

첫째, 모바일 커뮤니티 사용자의 지각된 특성 요인이 재방문 의도, 전반적인 만족과 어떤 관계를 가지고 있는 가를 검증하고, 이를 통해 서비스 개선방안을 제시하였다. 둘째, 미팅·채팅 중심으로 서비스되고 있는 국내 모바일 커뮤니티의 문제점을 실증 분석을 통하여 검증하고, 기업·정부측면에서 커뮤니티 서비스에 대한 전략적 시사점을 제시하였다.

본 연구의 결과는 현재 모바일 비즈니스에 진입을 서두르고 있거나, 모바일 커뮤니티 서비스를 통해 고객과의 커뮤니케이션을 강화하려는 기업에게 유용한 전략적 방향을 제시할 수 있을 것으로 판단된다. 또한, 모바일 진출 기업들이 국내 혹은 국외시장 진출시 모바일 커뮤니티를 활용하여 효과적인 마케팅 전략을 수립할 수 있는 토대를 마련하는데 유용한 연구자료가 될 것으로 기대된다.

제2절 연구의 범위와 방법

본 연구의 범위를 요약하면 다음과 같다. 온라인 및 모바일 커뮤니티에 관한 이론적 고찰과 국내외 커뮤니티 동향의 연구를 통하여, 연구하고자 하는 모바일 커뮤니티에 대한 개괄적인 개념을 파악하였다. 또한 현시점에서 국내외 모바일 커뮤니티 현황을 통해 산업의 위상과 향후 전개 방향을 예측해 보았다. 보다 심도있는 연구를 위해 국내외 모바일 커뮤니티 사례 연구를 통해 본 연구에서 사용할 모바일 커뮤니티 특성 요인을 추출하였다.

본 연구는 커뮤니티 개념이 마케팅에 주는 시사점이 무엇인지를 규명하고, 휴대폰을 기반으로 하는 모바일 커뮤니티 사용자가 지각한 특성이 전반적인 만족과 재방문의도에 관한 모형을 개발하는 것이 목적이다. 즉, 지각된 모바일 커뮤니티의 특성을 맨머신인터페이스 측면에서 고찰하여, 기술적 측면인 사용성과 사회적 측면인 사회관계성, 그리고 고객 이용 정보측면의 콘텐츠 특성의 이론적 틀을 바탕으로 이들 모바일 커뮤니티 특성이 사용자의 재방문의도와 전반적인 만족에 어떤 역할을 하는 가를 모색하였다.

본 연구의 대상 또는 분석 단위는 커뮤니티 현상, 특히 휴대폰을 매개로 하는 모바일 커뮤니티 구성원으로서 소비자가 분석단위가 된다. 실증 조사는 모바일 커뮤니티 서비스 종사자와 일반 모바일 커뮤니티 사용자를 대상으로 하였다.

또한, 본 연구는 모바일 커뮤니티에 관한 선행연구가 부재한 상태에서 실시하는 실험적 연구이기 때문에 연구 표본을 선정함에 있어서 모바일 커뮤니티 사용자 를 중심으로 미래 잠재고객을 포함시켰다. 따라서, 사용자로서 원하는 정보 및 서비스를 탐색하는 행위까지 포함하는 포괄적인 행위로 정의하였다.

제3절 논문의 구성

본 연구는 총 6장으로 구성되어 있는데, 각 장별 주요 내용은 다음과 같다.

제1장은 모바일 커뮤니티에 관한 연구의 배경과 목적, 연구의 범위와 방법, 논문의 구성에 대해 서술하였다. 제2장에서는 본 논문의 연구 모형과 연구 가설의 이론적 기초와 근거를 제시하기 위해 가상 커뮤니티 및 모바일 커뮤니티의 개념, 특성, 비즈니스 모델에 관련된 선행연구를 고찰하였다. 또한, 모바일 커뮤니티 사용자의 지각된 사용성, 사회관계성, 콘텐츠 특성 요인과 전반적인 만족, 재구매 의도 및 전자상거래 상에서 구매행위, 기술수용모형등에 관한 문헌 등을 서술하였다. 제3장에서는 본 연구의 주요 변수인 커뮤니티 특성 요인을 추출하기 위해 국내외 모바일 커뮤니티 현황과 사례를 분석하였다. 국내외 온라인 및 모바일 커뮤니티 동향 고찰, 국내외 모바일 커뮤니티 사례 분석을 통해 모바일 커뮤니티 사용자의 사회관계성 및 사용성 특성이 어떻게 실 서비스에 구현되고 있는 가를 서술하였다. 제4장에서는 본 연구에서 주요 과제인 모바일 커뮤니티 사용자의 지각된 특성에 따른 재방문의도와 전반적인 만족의 연구모형과 연구 가설을 구체적으로 서술하였으며, 각 연구변수의 정의 및 가설의 설정과정에 대해 서술하였다. 제5장에서는 연구모형의 실증 분석을 위

하여 표본의 선정, 자료의 수집·분석방법을 서술하고, 신뢰성 분석과 타당성 검증, 구조방정식을 통한 요인분석 등을 통해 연구모형 및 가설의 검증결과를 제시하였다. 제6장에서는 연구 결과를 서술하고, 기업 및 정부에 주는 시사점과 연구의 한계 및 향후 연구과제를 제시하였다.

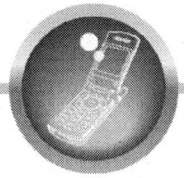

제 **2** 장

모바일 커뮤니티의
이론적 고찰

제1절 모바일 커뮤니티의 개요

1. 가상 커뮤니티의 정의

일반적으로 가상 커뮤니티에 대한 기본적인 정의는 집단적 컴퓨터 매개 커뮤니케이션(computer-mediated communication)으로 보는 것과 새로운 커뮤니티 형태로서의 가상 커뮤니티로 보는 것으로 구분된다. 전자는 컴퓨터와 인터넷을 커뮤니케이션의 한 수단으로만 여긴다는 점에서 가상 커뮤니티 내의 사회적 현상을 포괄하지는 못하는 단점을 가지고 있다(이원태, 2003). 이에 반해 Rheingold(1993)는 가상 커뮤니티가 단순히 컴퓨터 매개 커뮤니케이션 집단이 아니라 현실세계와 상호작용을 통해서 구성된 사회적 관계라는 주장한다. 그는 가상공간에서 많은 수의 사람들이 충분한 인간적 감정을 지니고, 인간적 관계망을 만들기 위해 장기간 그들의 관심사에 대한 공공토론을 수행한다고 주장하였다. 최근까지 가상 커뮤니티의 연구와 관련된 주요한 개념 정의는 Rheingold(1993)의 논의를 기본적으로 유지했다.

가상 커뮤니티는 전자적 매체를 통해 관심과 욕구를 공유하는 사람들의 집단이며(Hagel등, 1997), 공통의 주제나 관심에 근거하여 가상공간에서 아이디어를 교환하고 공동의 공간 형태를 공유하는 사람들로 구성되었다(Farrior 등, 1999). 가상 커뮤니티는 전자적 커뮤니티(electronic community), 온라인 커뮤니티(online community), 상징적 커뮤니티(symbolically constituted community), 상상 커뮤니티(imagined community) 등 다양한 용어로 사용되지만, 어떠한 매개체를 통해 공동의 관심에 근거하여 모인 사람들의 집합이라는 점에서 공통점을 가지고 있다. 즉, 가상 커뮤니티는 다른 커뮤니티와 마찬가지로 하나의 분명한 사회 계약을 따르며, 일치된 이해 관계를 가지고 있는 사람들의 집합이다. 즉, 공통의 장소가 아닌 공통의 이해를 바탕으로 한 커뮤니티이다. 고객의 재방문을 유도하고 커뮤니티 운영자가 안정적인 커뮤니티 비즈니스 모델을 수립하기 위해서는 공유된 관심, 활동적인 회원, 만족과 심리적 피드백, 상호혜택적인 하부 구조 등 네 가지 요소가 필요하다(Farrior등, 1999).

가상 커뮤니티에 대한 관심이 증대되고 있는 이유는 가상 커뮤니티가 공급자에 의해 제공되기 시작하면서 그 개념이 동호회 정도의 수준에 머무르는 것이 아니라 공급자에게는 상당히 매력적인 시장의 기회로, 소비자에게는 시장에서 주도권을 확보할 수 있는 기회로 인식되기 시작했기 때문이다.

커뮤니티를 통해 사람들은 제품과 서비스에 관해 의사소통을 하고, 기업의 선호와 고객의 태도에 대한 가치있는 정보를 제공한다. Timmers (1998)는 가상 커뮤니티 운영사에서 제공하는 기본적 환경에서 구성원 (고객 또는 협력사)으로부터 커뮤니티의 가치가 생성될 경우 가상 커뮤니티를 전자 마켓에서의 비즈니스 모델로 간주하고 있다. 가상 커뮤니티는 시장 연구에 유용하며, 새롭게 고객에 맞춘 제품이나 서비스를 창조하며, 기업의 수익을 증가시키기 때문에 고객관계관리(CRM) 측면에서 중요한 요소이다. 주기적으로 커뮤니티를 이용하는 인터넷 사용자들은 커뮤니티의 투자수익율 (ROI)과 고객의 충성도를 높여주어 인터넷 사용자와 기업간 신뢰관계를 구축하는데 도움을 준다.

2. 모바일 커뮤니티의 개념

모바일 커뮤니티는 새롭게 창조된 공간이라기보다는 가장 기초적인 수준에서의 관심과 욕구를 공유하는 사람들의 집단, 즉 인적 커뮤니티가 물리적 커뮤니티에서 전자적 매체를 통한 온라인 커뮤니티로 확대되었고 최근에는 모바일 커뮤니티로 확산되고 있다.

모바일 커뮤니티의 발상은 단순히 가상적인 것에서 무선 매체로 확장되는 것이 아니기 때문에 단지 무선 전자매체의 사용으로 모바일 콘텍스트(context)의 가치와 영향을 탐구하는 것은 충분하지 않다(ZDNet Japan, 2001). 모바일 커뮤니티는 전통적인 웹기반의 커뮤니티와 세가지 측면에서 다른 양상을 보이고 있다(Fremuth등, 2003).

첫째, 모바일 커뮤니티를 모바일 폰, 스마트 폰, PDA와 같은 모바일 단말기를 통해 접속할 수 있다. 따라서, 커뮤니티에서 좀더 즉각적인 커뮤니케이션이 가능하도록 만든다. 둘째, 모바일 커뮤니티 플랫폼은 사용자들에게 2.5 및 3세대 모바일 네트워크를 통해 확장된 커뮤니케이션 서비스를 제공한다. 모바일 서비스는 ubiquitous access (유비쿼터스 접속: 모바일 단말기와 모바일 커뮤니케이션 서비스를 통해 자신의 커뮤니티에 언제 어디서나 실시간으로 정보나 서비스 〈SMS 알림 등〉에 접속할 수 있다), instant execution(즉시 실행: 2.5나 3세대 모바일 네트워크의 영속적 접속을 통해 SMS나 Email을 통해 데이터를 주고 받을 수 있다), personal trusted devices(개인 신뢰 단말기 : 개인 단말장치를 통한 모바일 서비스의 사용은 폰 번호나 SIM-Card와 같이 인증을 통해 안전하게 이루어진다), location related service(위치기반서비스: 모바일 커뮤니티 서비스를 통해 특정 지역의 친구를 찾거나 만날 수 있다.)로 구성된다.

　세번째, 모바일 커뮤니티는 기존 가상 커뮤니티에 비해 다른 사용
패턴을 보여주고 있다. 유선 커뮤니티는 특정 주제(연예, 스포츠, 사회
적 이슈 등)를 중심으로 가치관을 공유하는 회원이 모여 공동 주제에
관해 정보를 축적하고 게시판을 통해 의사소통을 한다. 커뮤니티에서
수집된 정보는 각 회원이 주제와 관련된 다양한 활동을 수행하는데
판단 기준(가치관)이 된다. 반면, 모바일 커뮤니티는 〈표 2-1〉 같이
개인 모바일 폰 사용자가 중심이기 때문에 인터넷의 주제(topic) 중심
커뮤니케이션보다는 개인적인 목적에 중점을 두고 지역의 친구들과
채팅과 같은 즉각적인 상호작용의 도구로 사용한다. 즉, 모바일 커뮤
니티는 가까운 친구나 동료, 자녀들과 접촉하기 위해 SMS와 같은 방
식을 사용하고 있으며, 동료 집단이나 친구 그룹같이 작은 규모로 모
바일 서비스를 통한 커뮤니케이션이 이루질 것이다. 따라서, 모바일
커뮤니티는 단말기가 PC에 비해 화면이 작고 정보 입력이 불편함으
로 게시판 중심의 커뮤니티가 활성화되기 어렵다는 단점이 있다. 이런
이유로 이미 활성화되어 있는 유선 커뮤니티의 형식을 모바일로 그대
로 옮겨오는 커뮤니티는 성공가능성이 낮다고 할 수 있다.

〈표 2-1〉 유무선 커뮤니티 비교

	항 목	무선 커뮤니티	유선 커뮤니티
기술적 특성	디스플레이 / 입력 장치	작은 화면(2~8인치), 제한 되고 불편한 작은 키패드	큰 화면(16~21인치), 편리한 인터페이스
	휴대성	편리함	불편함
비즈니스적 특성	서비스 특성	유선 특성 + 이동성, 위치성, 개인화	편재성, 접근성, 보안성, 편리성
	진입 장벽	서비스방식이 복잡하고 표준화의 미확립으로 유선에 비해 높은 진입 장벽	표준기술의 대중화에 따라 낮아진 진입장벽

항 목		무선 커뮤니티	유선 커뮤니티
비즈니스적 특성	정보 제공	텍스트(SMS)기반의 간단한 정보제공	멀티미디어를 포함한 다양한 정보제공
	커뮤니티 유형	미팅, 채팅, 폰피, 클럽 등 개인 중심	계층별·연령별 등 다양한 집단·분야 대상
	커뮤니티 목적	채팅과 같은 개인 커뮤니케이션 서비스	주제 중심의 게시판 서비스
	운영 주체	이동통신사, CP(BP)중심	포탈사업자, 전문사이트 운영자 중심
	요금 결제	이동통신사 요금 수납 대행	카드결제, 무통장입금, 소액결제
사용자 특성	이용료 지불의사	사용서비스에 따라 지불의사 있음	아바타, 음악, 게임 등을 중심으로 지불의사 확대경향

자료원 : 김윤호 등(2003)의 내용 보완

3. 모바일 커뮤니티의 특징

모바일 커뮤니티와 커뮤니티 어플리케이션의 성장은 SMS의 폭발적 성장과 유선인터넷의 인스턴트 메시지 방식이 모바일로 전이되면서 형성된 결과이다. 모바일 커뮤니티는 자기 증식적(self-generating) 콘텐츠를 생성하고 사용자간의 상호작용으로 성장해 나갈 수 있다 (Berridge, 2002).

모바일 커뮤니티와 모바일 커뮤니티 서비스의 확산과 진화를 3단계 모형으로 소개한 것이 〈그림 2-1〉이다(Fremuth등, 2003). 첫 단계에서 "실존(true)" 커뮤니티로서 주로 같은 지역에 살고 있으며 서로 대화하기를 좋아하는 친구나 동료 그룹으로 이루어진다. 두번째 단계는 커뮤니케이션 공간으로서의 모바일 커뮤니티이다. 즉, 새로운 모바일 커뮤니티 서비스의 사용과 친구·동료 초대가 새로운 형태의

커뮤니케이션 공간을 만든다. 마지막 단계는 상품으로서의 모바일 커
뮤니티이다. 즉, 개설된 가상 커뮤니티 플랫폼은 거대한 커뮤니티 플
랫폼에 추가되어, 웹기반 커뮤니티에 이동성(mobility)을 부여한다.

〈그림 2-1〉 모바일 커뮤니티의 확산

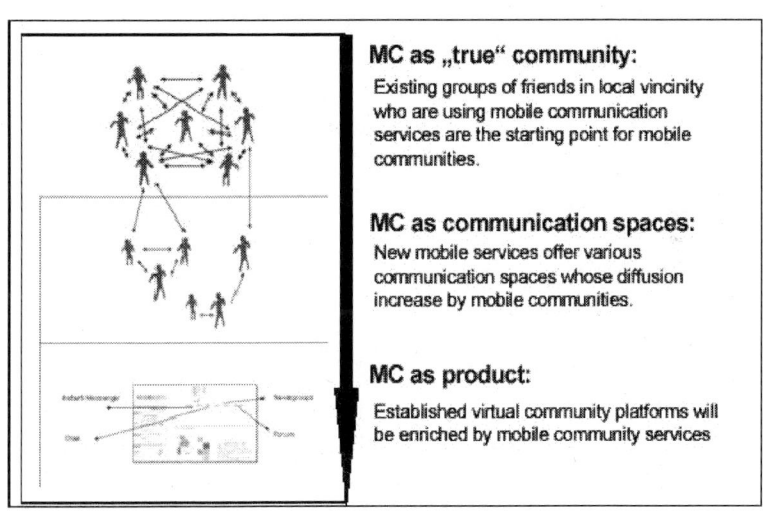

자료원 : Fremuth등(2003)

Leimeister 등(2003)은 독일 COSMOS(community online service
and mobile solutions) 프로젝트의 일환으로 암환자의 각종 정보와
상호작용에 대한 요구를 해결하기 위한 도구로서 모바일 가상 헬스
케어 커뮤니티를 제안하였다. 이 프로젝트에서 사용된 모바일 서비스
는 〈그림 2-2〉와 같이 몇가지 이유에서 전통적인 웹기반 커뮤니티에
비해 부가가치를 제공한다.

26

<그림 2-2> 가상커뮤니티에 부가가치를 제공하는 모바일 서비스

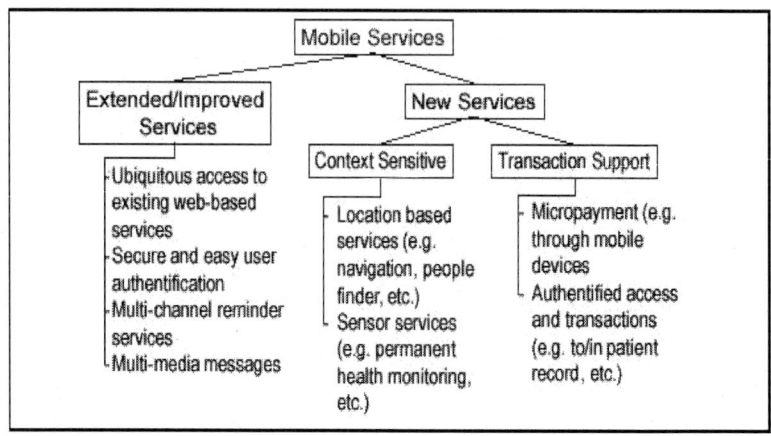

자료원 : Leimeister 등(2003)

첫째, 모바일서비스는 이전에 제공되지 않았던 확장되고 향상된 서
비스를 제공한다. 즉, 현존 웹기반 서비스에 부가되어 언제 어디서나
접속 가능, 보안과 쉬운 사용자 인증, 멀티채널 화상서비스와 멀티미
디어 메시지 등을 제공한다. 둘째, 모바일을 통해 context sensitive
(정황 반영)과 transaction support(거래 지원)이라는 새로운 서비스
를 제공한다. 정황을 반영한 서비스에는 위치기반 서비스(네비게이
션, 사람 찾기 등), 센서 서비스(영속적 건강 모니터링 등)가 있다.
거래 지원 서비스에는 모바일을 통한 소액 결제, 인증접속 및 거래
(환자 기록을 통해) 등이 제공된다.

이러한 모바일 커뮤니티 서비스를 제공하는 방식은 네가지가 있다
(Fremuth등, 2003). 첫째, 자유로운 peer-to-peer(동료간) 커뮤니티를
위한 모바일 커뮤니티 서비스의 지원, 둘째, 개인 고객 기반의 커뮤
니티 플랫폼과 서비스의 이행, 셋째, 독립적이고 전국적인 커뮤니티

플랫폼의 제공을 지원, 넷째, 기존 가상 커뮤니티에 "mobilizing(이동성)"을 제공한다. 그러나 전자의 두가지는 고객층 확보와 운영에 많은 비용이 소요되므로 서비스가 힘든 부분이다.

모바일 폰 사용자는 아직 모바일 서비스에 대해 브랜드로서 모바일 네트워크 운영사를 이해하고 있지 않기 때문에 기존 유선상에서 지명도 있는 파트너를 선택하는 것이 적절한 사업을 영위하는데 유용하다. 또한, 사용자가 비록 모바일 커뮤니티를 선호하더라도 면대면 및 인터넷을 통한 커뮤니케이션 방식은 여전히 존재한다. 가상 커뮤니티가 비록 유선인터넷을 통해 PC등으로 접속한다고 해도 완전히 "immobile(고정된)" 서비스는 아니다. 따라서, 순수한 모바일이나 가상 커뮤니티가 존재하기 보다는 다양한 커뮤니티 기능이 혼재되어 있는 "blended communities(혼합 커뮤니티)"에 가깝다(Doring 2003).

모바일 커뮤니티를 위한 단말장치인 휴대폰은 휴대성이 뛰어나 PC에 비해 언제 어디서나 자기중심의 대화를 즐길 수 있기 때문에 모바일 커뮤니티는 개인이 이동하는 장소와 정황(목적, 시간, 이동방향, 일시성 등) 등의 특성이 두드러지는 위치기반 콘텍스트 커뮤니케이션 (location & context based communication)으로 변모하고 있다 (Koch등, 2002). Koch 등(2002)은 COSMOS 프로젝트에 "location based context" 개념을 적용하여 라이프스타일 커뮤니티의 모바일 지원을 위한 플랫폼과 수행방법을 제시하였다.

<표 2-2> 모바일 커뮤니티의 서비스 경향

	현 재	미 래
개 요	위치기반 정보서비스	위치기반 정황서비스
위치 기반	현 위치 pull(GPS, 간이위치)	위치기반 push서비스
주요 정보	근처 업체 및 장소	사용자의 이동방향과 속도, 날씨관련 정보
비 용	추가 S/W 비용 없음	실시간 정보제공용 S/W, H/W 비용추가
사용자 프로파일	일반 프로파일 정보	선택사항 프로파일 (현위치, 목적, 대상 등)

자료원 : Koch 등(2002)의 내용 요약 정리

4. 모바일 커뮤니티 비즈니스 모델

가. 기존 비즈니스 모델

기존의 비즈니스 모델 문헌은 수익 제품관점, 비즈니스 행위자와 네트워크 관점, 마케팅 특화 관점 등 세 가지 측면에서 연구되어 왔다. 대부분의 연구자는 세 가지 관점 중 한 두 가지를 반영하거나 혹은 세 가지 관점을 모두 언급하고 있다(Osterwalder 등, 2002).

① 수익 제품관점(revenue product aspects)
Rappa(2001)와 같은 연구자들은 모델이 포함된 요소를 설명하기 보다 e-비즈니스 모델을 어떻게 분류할 것인가에 대해 연구하였다. 이러한 모델은 가치사슬상의 특정화된 위치에서 기업이 어떻게 수익을 올릴 수 있는 가에 중점을 두고 있다. Tapscott 등(2000)은 B-Webs이라 불리는 비즈니스모델의 유형을 제시하고 있다. 그들은 광장(agoras),

집합(aggregation), 가치사슬(value chains), 제휴(alliance), 배분 네트워(distribution network) 등의 발생론적 b-webs를 정의하고 있다.

② 비즈니스 행위자와 네트웍 관점(business actor and network aspects)
e-비즈니스 모델에서 가장 잘 알려진 분류 체계와 정의 중의 하나는 Timmers(1998)이다. Timmers는 비즈니스모델을 거래에 관여한 당사자들과 역할을 포함해 상품 서비스와 정보의 흐름을 나타내는 아키텍처, 거래에 참가하는 당사자들에게 주어지는 편익, 수입원에 대한 정확한 묘사를 하여야 한다고 하였다.

Gordijn 등(2000)은 e-비즈니스 모델에 특화된 유전적 가치중심적 존재론(ontology)을 사용하고 있다. 이러한 접근방법은 e-비즈니스 모델의 여러 행위자를 통해 가치흐름을 이해하고 표현하고 있다.

③ 마케팅 특화 관점(marketing specific aspects)
Hamel(2000)이 고안한 모델방법론이다. 그는 핵심 전략으로부터 범위, 고객 인터페이스에 네트워크 가치를 탑재하는 전략적 자원 등으로 비즈니스 모델 요소를 정의하였다. Petrovic 등(2001)은 비즈니스모델을 7개의 서브 모델로 구분하였다. 즉, 가치모델, 자원모델, 생산모델, 고객관계모델, 수익모델, 자본모델, 마켓 모델 등이다.

Osterwalder등(2002)이 제안한 제품혁신, 인프라 관리, 고객관리, 재무측면에서의 e-business 모델을 살펴보면 〈표 2-3〉과 같다.

<표 2-3> e-business model ontology와 문헌 비교

Business Model component		Rappa	Timers	Gordijn등	Afuah 등	Hamel
Product Innovation	Target Customer			Actors, market segment	Scope	Scope
	Value Proposition	Generic business models	Degree of innovation, generic business models	Value offering	Customer value	Business mission, differential
	Capabilities					
Infra Management	Resources &Assets				Capabilities, implementation	Core competency, strategic assets
	Activity Configuration		Functional integration	Value activity	Connected activities	Core processes, configuration
	Partner Network		Functional integration	Stakeholder network, value interfaces, value ports		Value network, company boundaries
Customer Relationship	Information					Information and insight
	Feel & Service					Fulfillment and support, customer benefits
	Trust & Loyalty					Relationship dynamics
Financial Aspects	Revenue Model			Value exchange	Pricing strategy revenue sources	Pricing structure
	Cost Structure	Generic business models		Value exchanges		
	Profit Model				Sustainability	Profit boosters

자료원 : Osterwalder 등(2002)

나. 모바일 비즈니스 모델

Varshney 등(2000)은 모바일 상거래 어플리케이션을 10가지 (mobile inventory management, product location, proactive service management, wireless reengineering, mobile auction and reverse auction, mobile entertainment service, mobile office, mobile e-distance education, wireless data center, mobile music and music on demand)로 분류하여 모바일 재고관리, 제품 위치, 활동적인 제품관리 등을 강조하고 있다.

OVUM(1999)은 모바일 e-커머스 어플리케이션을 상품(goods), 서비스 (services), 정보 (information)의 3개 범주로 나누고, 분류의 기준으로 B2B와 B2C를 제시하였다.

Durlacher(2001)는 모바일 비즈니스 모델의 주요 요소를 기술, 어플리케이션, 네트워크 등으로 규정하고 모바일 비즈니스 세계의 중심은 이동성(mobility)과 관련된 욕구를 가지고 있는 사용자이기 때문에 사용자의 욕구를 충족시키기 위해 필수적이고 보충적인 지원 체제로서 커뮤니케이션·기술·서비스가 필요하다고 하였다. 모바일 서비스가 2세대에서 2.5세대, 3세대로 진화하면서 콘텐츠는 더욱 풍부해지고, 상호작용은 더 활발해지며, 위치기반이나 개인화 같은 새로운 어플리케이션이 등장하고 있다.

다. 모바일 커뮤니티 비즈니스 모델

커뮤니티는 물리적 단계에서 온라인으로 최근에는 모바일 커뮤니티로 확대되는 상황과 맞물려(Berridge, 2002), 우리나라의 사이버 커뮤니티도 1990년초 PC통신에서 1990년 후반 인터넷에 이어 2000년

32

부터 모바일로 영역을 확대하고 있다. 이를 커뮤니티 네트워크의 진화에 따른 분류체계로 살펴보면 첫째, 유선의 커뮤니티 및 가입자를 무선으로 전이하는 경우(wire → wireless), 둘째, 무선에서 형성된 커뮤니티가 유선으로 전파되는 경우(wireless → wire), 셋째, 유무선이 동시에 진행되는 경우(wire + wireless), 넷째, 유선과 관계없이 무선에서만 형성되는 경우(only wireless)로 나눌 수 있는데, 이중 유무선 서비스를 동시에 진행하는 경우가 전세계적으로 대세를 이루고 있다(SBR&C, 2003).

수익원천별로 보면 사용료(월사용료), 가입비(월 가입비 및 회비), 광고료 (개인광고, 기업광고 등), 라이센스(기술 라이센스, 콘텐츠 라이센스) 등으로 구분할 수 있다. 장르별로 보면 네트워크 사업자(접속망만 제공), 어플리케이션 사업자(커뮤니티 플랫폼, IM·LBS·MIM등 솔루션 제공), 콘텐츠사업자 (커뮤니티형 콘텐츠 제공), 복합형 사업자(네트워크, 어플리케이션, 콘텐츠의 복합 운영)로 구분할 수 있다(Berridge, 2002).

松岡裕典등(2003)은 대표적인 네트워크 커뮤니티를 종합형 커뮤니티, my place형 커뮤니티, 게시판·BBS도구 제공형 커뮤니티, 기타 도구 제공형 커뮤니티, Q&A·지원 커뮤니티형 커뮤니티, 특정 테마 커뮤니티, 리뷰 투고형 커뮤니티, 상품기획·개발형 커뮤니티 등의 8가지로 분류하였다. 커뮤니티 사이트가 비즈니스와 결합하는 즉, 커뮤니티 사이트가 산출하는 가치가 어떤 형태이든 기업의 수익에 연결되기 위해서는 몇 개의 모델을 생각할 수 있다. 커뮤니티 사이트에 모이는 사람이 어떤 동기를 가지고 모이는 가 혹은 커뮤니티 사이트의 구조는 어떻게 되어 있는 점에 착안하여 〈표 2-4〉와 같은 커뮤니티 사이트의 비즈니스 모델을 만들었다.

<표 2-4> 커뮤니티 사이트의 비즈니스 모델

		구 조	
		실명성 (실제사회의 실태를 반영)	익명성 (실제사회와 무관)
동기	커뮤니케이션 자체가 목적	관금형 모델	제공형 모델
	커뮤니케이션 결과가 목적	지원형 모델	성과형 모델

자료원 : 松岡裕典 등(2003)

① 과금형 모델

커뮤니티에 모이는 사람들이 커뮤니케이션 그 자체를 목적으로 모이는 경우이다. 친구나 가족간 등 허물없는 사람끼리 모이듯이 커뮤니케이션 그 자체가 목적이 된다. 이 경우 커뮤니티는 그 자체가 수익을 가져 다 주는 구조를 가질 수 있다. 예를 들면, 커뮤니티에 속하는 회원 스스로 회비를 지불하는 등으로 운영자에게 수익을 가져 다 준다. 직접 회비를 지불하는 형태는 아니라도 회원대상 배너광고나 메일에 부착된 광고를 승인하는 혹은 단순히 양해하는 것이 아니라 적극적으로 지원하는 것으로 커뮤니티의 운영자가 수익을 얻는 것을 용인한다. 이러한 모델을 "과금형 모델"이라고 부른다.

② 제공형 모델

커뮤니케이션 그 자체에 가치를 두는 커뮤니티 가운데서도 참가조건의 제한이 거의 없는 경우도 있다. 가입시 현실 사회에서의 권위나 신용을 명시하는 것을 요구하지 않고, "오는 사람 거부하지 않는다" 는 개념이 이 모델의 특징이다. 온라인게임 "리니지"에서는 커뮤니티 공통의 매개체로서 "온라인게임"이 존재하고 있다. 커뮤니티의 가입을 희망하는 사람에게는 이 게임의 플레이어가 되는 것이 요구된다. 참가자는 실제 사회의 속박에서 해방되어, 게임의 플레이어로서 커뮤니티속에서 익명적인 존재를 즐긴다.

아마존의 "서평 커뮤니티"도 이에 해당되며, 커뮤니티의 멤버가 되는데 자격이 필요없고, 현실의 사회에서 권위나 신용을 명시할 필요가 없다. 다만 책을 읽고 간단한 서평을 쓰는 것만이 공통의 매개체로서 요구되는 것이다. 이러한 모델을 "제공형 커뮤니티"라고 한다.

③ 성과형 모델

전자의 두 모델과 달리 커뮤니케이션 그 자체에 가치를 두지 않는 것이다. 커뮤니티 사이트에서 이루어지는 커뮤니케이션에 따라 달성되는 목적에 가치가 있다. "@cosme"와 "공상생활" 등이 이에 해당된다. 커뮤니티의 운영자는 커뮤니티내의 커뮤니케이션을 활성화하는 데 주력한다. 그 결과 각각의 커뮤니티가 목적으로 하는 가치를 얻을 수 있기 때문이다. 예를들면 "@cosme"에서는 "다양한 화장품 등의 상품에 대한 소비자의 평가" 혹은 "공상생활"에서는 "소비자가 원하는 지금 존재하지 않는 상품의 디자인이나 사양" 정보이다.

이 모델을 "성과형 커뮤니티"라고 부른다. 소프트웨어 세계에서는 리눅스개발에 관련된 커뮤니티도 여기에 해당되며, 이 모델에서는 비즈니스와 결합하는 커뮤니티의 가치는 산출물 그 자체이다.

④ 지원형 모델

지원형 모델은 실제사회에서 실제로 존재하는데 근거하여 커뮤니케이션의 결과를 목적으로 하는 커뮤니티이다. 여기서 커뮤니티는 실제 존재하는 사회의 보완적인 역할을 담당한다. 커뮤니케이션의 결과에 따라 커뮤니티 주변에 존재하는 실제 비즈니스에 수익을 가져다주는 모델이다. 이것은 "지원형 커뮤니티"라고 부른다. 예를들어 "FAGRI" 에서는 커뮤니티의 생산자와 소비자를 보다 깊은 커뮤니케이션이 상호 신뢰를 구축해 간다. 그 결과는 생산자에 의해 제공된 농산물의 품질을 보증하게 된다. 이것이 실제 사회의 비즈니스(여기서는 농산품의 판매 비즈니스)에 의해 큰 가치를 가져다 준다. 여기서 말하는 큰 가치란 반드시 높은 가격을 의미하는 것은 아니고, 생산자와 소비자 사이의 신뢰관계에 의한 브랜드 가치를 산출하는 것을 말한다.

그 외, 시스코, IBM, 마이크로소프트 등 미국의 주요 IT업체를 고객사로 하고 있는 Participate Systems는 고객사의 e-비즈니스 측면에서 커뮤니티의 가치를 창조하기 위해 커뮤니티의 영향을 B2B 수요사슬(demand chain), B2B 넷 마켓(net market), B2C 상거래 (commerce), B2C 회원 가입(subscriptions) 등 네 가지의 비즈니스 모델로 분류하고 있다(Warms 등, 2000).

Westland(1999)는 마케팅의 전통적 비즈니스 모델로부터 새로운 상호작용적 전자상거래 비즈니스 모델을 만드는데 노력해 왔으며, Moore(1998)는 다차원 회사(m-form)에서 환경시스템 형태(e-form)로의 전이가 미래의 성공과 성장의 핵심이라고 주장하였다. 앤더슨컨설팅(Friedman등, 2000)은 고객중심적이고 "가치는 개인적인 제품 수준보다는 제품과 매체의 관계 수준에 따라 창조된다"는 매개적 (intermediate)이고 혼합적인(hybrid) 모델을 제시하고 있다.

Aschmoneit(2002)는 모바일 커뮤니티 비즈니스 모델의 핵심 요소를 추출하기 위해 사례연구를 활용하였다. 모바일 서비스 제공업자와 면담 및 선험적 연구를 통해 추출한 5가지 핵심 요소인 조직 (organization), 세분화(segmentation), 수익 원천(sources of revenue), 기능성(functionality), 고객가치(customer value)와 독자적인 판매기획(unique selling proposition)은 비즈니스 측면에서 모바일 커뮤니티를 설계하기 위한 수단으로 제공된다. 이들 요소들은 미시적 및 거시적 환경으로 통합되는데 모바일 커뮤니티의 미시적 환경은 조직의 내적 자원에 관한 것이고, 거시적 환경은 여러 외부 조건에 따라 달라진다.

제 2 절 모바일 커뮤니티의 특성

모바일 커뮤니티는 모바일 폰 사용자가 개인적 의사소통에 중점을 두고 인근 지역의 지인과 즉각적인 상호작용의 도구이기 때문에 인간이 정보기기를 다루기 쉽도록 유연성있는 맨-머신 인터페이스의 설계가 이루어져야 한다. 스스로 휴대폰을 잘 다룰 줄 안다고 느끼는 자신감은 이용자들을 더 자주 무선인터넷에 접속하게 만들 것이며, 나아가 그 안에서 더 활발하게 상호작용하게 할 것이다. 즉, 기계적 익숙도가 높은 이용자들일수록 무선인터넷의 이용량이 더 많아지게 되며, 이러한 경향은 또 기계 상호작용 활동 뿐 아니라 인간 상호작용 활동에서 영향을 미친다(Hiltz등, 1986). 따라서, 모바일 커뮤니티 사용자의 지각된 특성을 맨-머신 인터페이스(man-machine interface) 개념에 맞추어 Man 측면의 사회관계성 특성, Machine측면의 콘텐츠 특성, Interface측면의 사용성 특성을 중심으로 살펴보았다.

1. 인터넷 콘텐츠 품질

인터넷은 성장을 거듭하면서 그 동안 많은 비즈니스 기회를 창출하였다. 인터넷 신문이나 웹진, 온라인 서점 등과 같이 기존의 콘텐츠를 새로운 매체인 인터넷을 통해 제공하는 경우뿐만 아니라 인터넷 광고, 인터넷 상거래, 인터넷 경매 등과 같이 기존의 거래(off-line transactions)를 인터넷이란 새로운 매체를 통해 수행하기도 하고, 인터넷 방송, 인터넷 게임, 인터넷 뱅킹, 멀티미디어 콘텐츠 비즈니스 등과 같이 기존의 영역에서 탈피한 새로운 비즈니스분야가 창출되기도 하였다.

Smith(1997)는 인터넷 정보의 평가에 관한 여러 연구들을 종합하여 평가 항목을 개발하였다. 그가 개발한 평가 항목을 기준으로 10개의 유명 인터넷 평가 사이트에서 사용하는 평가 항목들을 비교 분석한 결과 가장 많이 인용되는 평가 기준은 ① 그래픽과 멀티미디어 디자인(graphic & multimedia design) ② 논리적 자료 구조(browsability & organization) ③ 최신성(currency) ④ 콘텐츠(content) ⑤ 전문성(authority) ⑥ 유일성(uniqueness), ⑦ 작동성(workability) ⑧ 연결성(connectivity) 등의 순위로 조사되었다.

Robert(1997)는 신뢰성 있는 정보는 고객의 신뢰도를 높이고 의사결정을 지원하며 실세계에 대한 이해도를 높인다고 하였다. 이에 근거하여 인터넷에서 제공되는 정보의 품질 기준으로 CARS 체크리스트를 제시하였는데 CARS는 신뢰성(credibility), 정확성(accuracy), 합리성(reasonableness), 지원(support)을 의미한다.

Emma(1998) 등은 정보의 품질 평가 기준을 콘텐츠(content), 구성(form), 프로세스(process)로 구분하였다. 즉, 콘텐츠(content) 측면에서는 타당성, 정확성, 전문성, 유일성, 완결성, 범위를 평가 지표로 선정하였고, 사이트의 효율적인 구성(form) 측면에서는 탐색 효율성, 사용자 지원, 적절한 기술사용을 기준으로 제시하였으며, 정보를 전달하는 프로세스(process) 측면의 기준으로는 정보 무결성, 사이트 무결성, 시스템 무결성을 제시하였다.

Kapoun(1998)은 웹페이지 평가를 위한 다섯가지 기준으로 accuracy(정확성), authority(전문성), objectivity(객관성), currency(최신성), coverage(범위성)을 제시하고 있으며, Smith(1997)는 인터넷 정보자원의 평가항목 중 콘텐츠(content)항목에서는 정확성, 전문성, 최신성, 유일성을 기준으로 제시하고 있다.

Bauer등(2000)는 웹사이트 콘텐츠와 구조의 정량적 평가를 위한 기준으로 콘텐츠, 상호작용성, 탐색 편리성을 제시하였으며, Katerattanakul 등(1999)은 인터넷 환경에서의 WIS(web information system) 품질평가 변수에 대한 연구로서 고객이 느끼는 생동감이나 매력, 하이퍼링크의 연동성, 정보제공자에 대한 신뢰성 등을 포함시키고 있다.

2. 모바일 콘텐츠 특성

유선인터넷이 편재성(ubiquity), 접근성(reachability), 보안성(security), 편리성(convenience)이라는 특성을 가지고 있다면, 무선인터넷은 여기에 이동성(mobility), 위치성(localization), 개인화(personalization), 정황성(contextual) 등과 같이 유선인터넷과 구분되는 고유 특성을 가지고 있으며 하드웨어 측면에서 소형 액정 단말기를 통한 함축된 인터페이스를 통해 서비스가 이루어지게 되므로, 무선 커뮤니티 서비스는 유선 인터넷과는 차별화가 되어야 할 것이다(정인근, 2002).

기존 모바일 커뮤니케이션에 대한 연구가 혁신의 확산 측면에서 기술 혁신에 대한 고객의 태도를 중점적으로 연구했으나, Mueller등(2001)은 향후 모바일 서비스의 생산측면에서 모바일의 이동성이 가져올 현상을 분석하고 기술 중심의 혁신의 상대적 이점에 대한 연구가 필요하다고 주장하였다. Mueller 등(2001)은 이를 정의하기 위한 요소로 위치성 (localization), 신원확인 (identification), 즉시성 (immediacy), 영속적 가용성 (permanent availability) 등을 제시하고 있는데, 이는 가상 커뮤니티의 운영과 창조에 기여한다. Aschmoneit(2002)는 모바일 환경에서 커뮤니티의 새로운 기회를 위한 특성으로 모바일은 유선인터넷과 다른 편재성 (ubiquity), 즉시성 (immediacy), 개인화 (personalization), 위치성 (location awareness) 등 네 가지 특징을 제시하고 있다.

Durlacher research(1999)는 "mobile commerce report"에서 m-commerce의 고유한 속성을 현재 제공되는 서비스와 미래에 제공될 서비스에 관하여 일곱가지(편재성, 접근성, 보안, 편리성, 위치성, 즉시 연결성, 개인화)를 제시하고 있다.

편재성(ubiquity)은 무선 단말기의 가장 두드러진 장점이다. 스마트폰이나 커뮤니케이터 형태의 무선 단말기는 사용자가 어디에 있든지 실시간으로 정보를 검색하고 통신할 수 있도록 지원해준다. 접근성(reachability)은 무선 단말기를 가진 사람이 언제 어디서나 연결이 가능하고 원할 경우에는 특정 인물이나 시간대에만 접근이 가능하도록 제한할 수 있다. 접근성은 서비스의 개인화·다양화 추세와 맞물려 점점 더 중요시되는 특성이다.

보안(security)측면에서 무선 통신 보안기술은 이미 폐쇄적인 엔드 투 엔드(end-to-end) 시스템 내에서 SSL(secure socket layer) 형태로 구체화되고 있다. 유럽지역의 경우 단말기에 부착되는 스마트카드, SIM(subscriber identification module) 카드는 소유자를 인증하고 유선 인터넷 망에서 보안보다 수준 높은 보안을 가능하게 해준다. 편리성(convenience)은 무선 단말기의 데이터 저장 용량이 점점 늘어나고 사용하기도 더욱 쉬워지며 다양한 기능이 부가되고 있다. 이러한 특성은 하드웨어 측면의 기술적 진보와 그 맥을 같이하며, 단말기 화면의 크기 개선, 배터리 용량 강화, 메모리 저장 용량 강화, 기능 다양화 등을 통해 점점 강화될 전망이다.

위치성(localization)은 서비스와 애플리케이션에 위치 정보를 결합하여 무선 단말기에 가치를 부여할 수 있다. 특정 시점에 사용자가 어디에 위치하고 있는지 알면 사용자가 거래하고 싶은 욕구가 생기도록 유인할 수 있는 적절한 서비스를 제공할 수 있게 된다. 예를 들어, 공항에 도착한 비즈니스맨에게 해당 도시의 호텔 정보를 자세하게 안내해 주거나, 특정 상거래 지역에서 특정 시간에 해당 장소에 있는 사용자에게 모바일 인터넷을 통해 할인 쿠폰을 보내주는 등의 서비스가 가능하다. 즉시 연결성(instant connectivity)은 무선 단말기를 통해 즉시 인터넷에 접속할 수 있다. GPRS, IS95C 등 패킷 방식의 통신 서비스가 도입됨으로써 인터넷에 접속하기 위해 별도로 통신에 연결할 필요 없이 간편하고 빠르게 모바일 인터넷을 이용할 수 있게 해주는 특성이다. 개인화(personalization)는 해당 단말기를 사용한 개인 고객이 미리 제공한 정보나 사전에 설정한 내용을 바탕으로 사용자 개인의 특성에 맞춘 콘텐츠를 제공하는 것으로, 개인화된 정보검색 및 거래 처리 등의 수준을 더 끌어올리면서 무선 단말기가 일상 생활에 필수적인 도구로 만든 필수 요소이다.

Durlacher research(2001)는 "UMTS report"에서 최종사용자에게 핵심적 가치를 제공하기 위한 서비스의 주요 요소로서 위치기반정보(location-specific information), 개인화(personalization), 즉시성(immediacy), 서비스 가용성(service availability)을 제시하고 있으며, Niklas

등(2000)은 모바일 게임을 위한 모바일 단말기의 속성으로 이동성 (mobility), 개인화(personality), 신뢰성(reliability)을 정의하고 있다.

Strong등(1997)은 고 품질의 데이터 특성을 고유성(intrinsic), 접근성(accessibility), 정황성(contextual), 대표성(representational)으로 구분하여 제시하고 있다. 데이터에 관한 고객의 불만은 불완전하고, 부적당하게 측정되고, 적절히 통합되지 못한 데이터가 고객의 업무를 제대로 지원하지 못한다고 주장하였다. 이런 정황성 데이터 품질 문제를 해결하기 위해 고객의 업무 수행에 부가가치를 제공하는 적절한 데이터를 제공해야 한다. 정황성 품질 측면에서는 적절성(relevancy), 부가가치(value-added), 적시성(timeliness), 완전성(completeness), 데이터의 양(amount of data)으로 세부변수를 제시하고 있다.

Leung등(1998)는 무선호출 사용자의 충족(gratification)으로 사회적 교류(sociability), 정보추구(information seeking), 오락(entertainment), 패션·지위(fashion·status) 등을 찾아냈다. 또한 Leung등(2000)은 무선호출에 이은 이동전화 사용자의 충족 요인으로 패션·지위(fashion·status), 사회적 교류(affection·sociability), 편안함(relaxation), 이동성(mobility), 즉시성(immediate access), 도구성(instrumentality), 재보증(reassurance) 등을 밝혀냈다. 국내에서도 이동전화의 충족을 다룬 경험적 연구들이 발표되고 있는데(배진한, 2001; 이인희, 2001), 즉, 배진한은 한국의 이동전화 충족요인으로 오락, 사교, 거래, 즉시접속, 프라이버시 등을, 이인희는 사회성, 즉시성, 이동성, 체면·동조, 도구성, 정보습득, 흥미·휴식, 과시, 패션·사회적지위, 시간관리, 안심 등을 제시했다(배진한, 2002)

Underberg등(2001)은 무선 커뮤니티 성공의 요소로서 verticality (목적성), locationality(위치성), temporality(일시성)를 제시하였다.

목적성은 특별한 목적, 위치성은 그들이 사용하고자 하는 물리적 공간에서의 반응성, 일시성은 시간요소를 사용하기 위해 설계되었다. 〈표 2-5〉는 성공적인 무선 커뮤니티 어플리케이션을 만들기 위한 3가지 기준을 제시하고 있다. Koch 등(2002)은 모바일 사용자의 정황성(contextual) 정보를 사용자의 이동방향과 속도, 날씨 관련 정보로 정의하고 있다.

〈표 2-5〉 무선 커뮤니티 성공의 기준

<<<<<	VERTICAL	LOCATIONA	TEMPORAL	>>>>>
ACTIVITY	STATE	LOCATION	TIME	TEMPORAL
• Working • Meeting • Playing	• Fixed • Halted • Traveling	Physical location	Given time and Date	• Present • Connected • Offline
Meeting with a customer	In an office	On Main Street and 1st Avenue	Between 12 and 1 p.m. on December 4	With my mobile Phone activated

자료원 : Underberg 등(2001)

Chae등(2001)은 모바일 인터넷 서비스의 정보품질에 관한 연구에서 정보품질(connection, content, interaction, contextual quality)이 사용자의 만족과 충성도에 영향을 미친다고 주장하였다. 세부 변수로 연결성 측면에서는 안정성(stability), 반응성(responsiveness)을 세부 변수로 제시하였으며, 콘텐츠의 측면에서는 객관성(objectivity), 신뢰성(believability), 정보량(amount)을, 상호작용성 측면에서는 구조(structure), 탐색편리성(navigation), 제시성(presentation)을, 정황성 측면에서는 적시성(timeliness), 반응성(promptness)을 제시하였다. 특히 정보품질 요인중 접속과 상호작용 요인이 콘텐츠와 정황성 요인보다 더 유의한 결과를 가져왔다. 또한 사용자의 이용목적에 따라 쾌락적(hedonic) 이용자는 상호작용 품질에 가치를 두고, 실용적(utilitarian) 이용자는 콘텐츠 질에 더 가치를 두는 것으로 나타났다.

3. 커뮤니티 사용성과 사회관계성의 관계

사회관계성(sociability : 사전적 용어로 사교성으로 설명되어 있으며, 일부 연구자는 사회성이라고 해석하고 있으나, 본 연구에서는 관계마케팅의 사회적 관계라는 측면이 강하다고 판단하여 사회관계성으로 정의함)은 많은 적용이 필요한 새로운 개념이며, 사회관계성의 많은 측면은 사용성의 새로운 구성요소에 해당된다. 온라인 커뮤니티는 사회관계성과 사용성이 서로 밀접하게 관련되어 진화하기 때문에 종종 서로에게 영향을 미친다(Preece 등, 2003).

Preece(2001)는 참여형 커뮤니티 중심적 개발(participatory community-centered development, PCCD)의 구조 틀을 구성하는 두 가지 요소로서 사용성 설계에 관한 소프트웨어 설계와 사회관계성을 지원하는 사회관계성 개발 지침을 제안했다. PCCD는 네가지 단계로 구성되는데, 첫 번째 단계는 커뮤니티의 욕구를 평가하고 사용자 업무 분석을 요구한다. 두 번째 단계는 사용성과 사회관계성을 바탕으로 커뮤니티 공간의 개념적 모델을 개발한다. 세 번째 단계는 사회관계성과 사용성을 정의한다. 마지막 단계는 참여자와 함께 커뮤니티를 구성하고, 회원 모집을 위한 이벤트 등 다양한 활동을 수행한다.

이와 같이, 온라인 커뮤니티 개발자는 구성원들이 상호작용하고, 그들의 일을 즉각적이고 쉽게 수행하고 상호작용하기 위한 좋은 사용성을 가진 소프트웨어를 설계해야 한다(Preece, 2001). 유연한 사용성을 가진 소프트웨어는 빠른 학습, 높은 기술적 보유, 적은 오류율, 높은 생산성을 가져다 준다. 사용성이 인간 컴퓨터 상호작용(human-computer interaction)에 중점을 둔다면, 사회관계성은 사회적 상호작용에 중점을 둔다. 또한, 커뮤니티 욕구의 이해는 유연성있는 사회관계성과 사용성을 가진 커뮤니티를 개발하는데 필수적인 요소이다〈그림 2-3〉. 사회관계성과 사용성은 밀접히 관련되어 있지만 중점을 두는 부분이 다르다. 예를들어, 커뮤니티에 등록하는 경우 회원등록의 정책을 결정하는 것은 사회관계성 결정이며, 등록의 메커니즘은 소프트웨어 설계, 즉 사용성 결정에 속하는 것을 의미한다.

〈그림 2-3〉 사용성과 사회관계성 관계

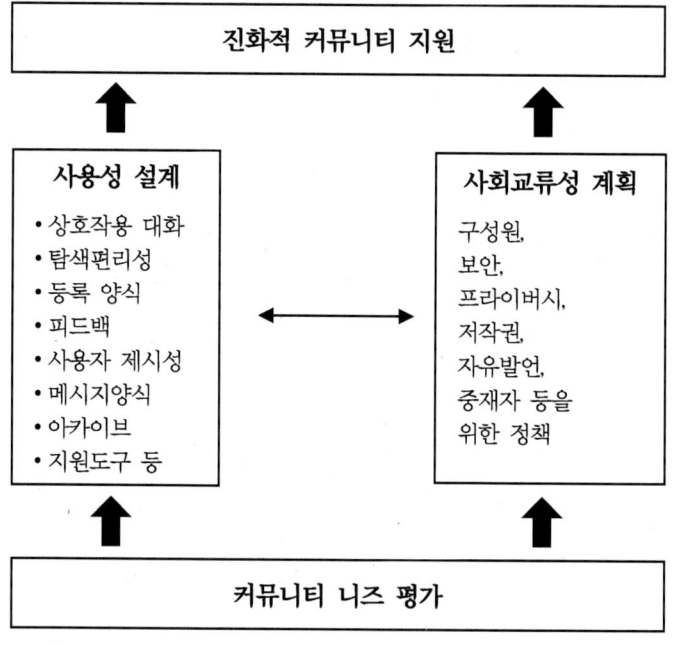

자료원 : Preece 등(2003)

또한, 인터넷의 하드웨어 및 소프트웨어적 기술특성은 사용성 (usability) 및 사회적 상호작용의 가능성으로서 사회관계성(sociability) 이라는 잠재적 영역을 규정한다(Preece, 2001; 서이종, 2002). 기술개발 에 따른 "기술적 가능성"은 사회적으로 대단히 중요한 의미를 지닌다. 그것은 이전에는 물리적 기술적 제약으로 인하여 가능하지 않았던 사 회적 영역과 관계가 가능해지기 때문이다. 그러나 기술적 가능성으로서 사회영역이나 관계가 모두 "사회적으로" 현실화되는 것은 아니다. 기술 적 가능성 영역이 사회현실로 되기 위해서는 그러한 새로운 사회적 가 능성에 부합하는 사회적 행위나 관습, 문화, 그리고 상응하는 권력 등이 형성되지 않으면 안되기 때문이다 (Brown 등, 2000). 즉, "사회적으로 실현되는 인터넷 커뮤니티"는 기술적 가능성이 사회경제, 사회문화적 조건 속에 현실화된 것이라 할 수 있다(서이종, 2002). 이러한 측면에서 이동통신사의 기술적 지원(단말기, 네트워크, 플랫폼 등)은 모바일 커 뮤니티의 성장에 기술적 가능성의 기반이 되었다고 볼 수 있다.

〈표 2-6〉 사용성과 사회관계성 평가를 위한 접근 방법

방 법	니즈 측정	사용성 평가	사회관계성 평가
리 뷰	신규 커뮤니티 개발에는 역할이 없으나, S/W 재 설계에서 활용	개발중 전문가의 공식적 피드백 수집에 유용	전문가는 정책 수립에 제안사항을 제공
서베이, 인터뷰	서베이는 온라인과 오프 라인의 잠재적 참가자에 게 발송. 인터뷰는 핵심 커뮤니티 멤버로부터 정 보 추출에 유용	사용자 만족과 사용성을 평가를 개발 관리하는데 유용. 온라인 서베이는 저렴. 서베이는 공식적 및 압축적 평가에 유리	인터뷰는 커뮤니티 목 적을 정의하거나 정책 의 허용성 결정 등을 하는데 유용. 서베이는 공식적, 압축적으로 사 회관계성 평가에 사용
관 찰	현 커뮤니티 변화 발생 시 문제 정의시 유용	개발에 유용하게 활용. 민속학은 커뮤니티 활동 연구에 적합	민속학은 커뮤니티에서 사회적 상호작용과 문 제를 탐지하는데 유용

방 법	니즈 측정	사용성 평가	사회관계성 평가
매트릭스, 데이터로그	신규 커뮤니티 개발에 기여없음. 그러나, 사회적 정책 변화나 S/W 재설계를 위한 정보수집에 유용	전체적 성공이나 사회관계성이 참여에 미치는 정도, S/W 변화를 비교하는데 유용한 압축적 평가를 제공	사용성을 위해 적용
실험과 유사 실험	적용 안됨	연구에서 적용, 사용성 테스트는 랩이나 제한된 영역에서 실시	유사실험은 두 커뮤니티 비교나 커뮤니티 내 그룹 등을 압축적으로 비교하는데 사용

자료원 : Preece 등(2002)

4. 커뮤니티의 사회관계성 특성

많은 온라인 커뮤니티 연구자들은 공유된 관심, 경험 혹은 욕구, 지원적이고 사회적인 관계를 가진 사람의 개념을 커뮤니티의 요소로 연구해 왔다. 사람들은 온라인 커뮤니티를 통해 중요한 자원, 소속감을 개발하고, 인식의 공유를 원한다(Rheingold, 1993).

사회관계성(sociability)은 사회적 상호작용을 지원하고 사회적 정책을 개발하고 기획하는 일에 관한 것이다. Preece의 참여형 커뮤니티 중심적 개발(participatory community-centered development, PCCD)의 구조틀에서 사회관계성 계획을 위한 가이드라인으로 공유된 목적(명칭이나 목적, 부가적인 정보를 분명하게 정의), 구성원(접속, 역할 분담, 효과적 커뮤니케이션), 정책(등록, 운용, 신뢰, 보안)을 제시하였다(Preece 등, 2003).

공유된 목적(purpose), 즉 커뮤니티의 목적을 정의하는 것은 잠재적인 참여자가 즉시 커뮤니티의 목표를 발견할 수 있기 때문에 중요하며(Kim, 2000; Preece, 2001), 커뮤니티의 존재 이유를 제공하는 관심, 욕구, 정보의 교환, 서비스를 말한다. 구성원(people)은 리드하고 조정하려는 자신의 욕구를 만족시키거나 특별한 역할을 수행하기 위해 사회적으로 상호작용한다. 정책(policies)은 구성원들의 상호작용을 이끌어내는 규약, 규칙, 전술, 법률 등의 양식을 말한다. 모든 커뮤니티는 자신의 문화를 가지고 있고, 가치와 규범, 다른 지배적 절차의 동의된 형태로 개발한다. 이 프레임웍을 적용함으로서 이들 구성요소가 온라인 커뮤니티의 개발과 디자인에 시스템적으로 통합된 사회관계성과 사용성에 관련이 있는지를 보여준다(Preece, 2001).

공유가치(shared value)는 구성원들이 어떤 행위와 목표, 정책들의 중요성 여부, 적절성 여부, 옳고 그름에 대해 가지는 공통된 믿음의 정도이며(Morgan 등, 1994), 규범(norms), 즉 적절한 행동이다(Heide 등, 1992). 이와 비슷하게 Dwyer등(1987)은 공유가치가 몰입과 신뢰의 개발에 기여한다고 주장하였다. 성공적인 커뮤니티는 공통의 목적, 활동, 공통으로 전해 내려오는 구전, 일련의 가치관을 공유한다. 구성원들은 서로의 행동을 예측하고, 구성원들의 사고 방식과 가치 시스템을 공유한다. 그리고, 지적 자본(intellectual capital)은 커뮤니티가 성공적으로 운영되기 위해 필요한 자원이다. 이러한 지적 자본은 커뮤니티의 안정된 모습의 조건이 되는데, 지적자본중 신뢰와 공유가치는 조직이나 커뮤니티, 나아가 국가가 성장하는데 중요한 변수로 작용된다(Gaudiani, 1998).

소속감(membership)에 대해 Nisbet(1966)은 커뮤니티 의식이 우리 의식, 역할의식, 의존의식으로 구성된다고 보았다. 우리의식은 공동관심사를 가지고 집단 생활을 영위하면서 생겨나는 소속감과 공동운명 의식을 말한다. McMillan등(1986)은 전체적인 커뮤니티 의식의 특성에 초점을 두고 이론을 전개하였는데 커뮤니티 의식의 구성요소로 구성원의 소속감, 영향력, 욕구의 충족과 통합, 감정적 유대의 공유를 제안하였다. 여기서 구성원의 소속감은 타인들과의 연대의식을 공유한다는 감정으로 커뮤니티에 속해 있다는 것은 개인의 보호 그리고 주관적인 안심을 보증해 주며, 타 지역과의 구분, 정서적 안정, 정체성, 개인적 투자, 공통적 상징체계를 함축한다.

커뮤니티는 구성원들의 창의성과 다양성, 자발적인 참여에 기초하고 있으며 개인주의가 존중된다. 그러나 구성원간의 지속적인 관계로 개성을 넘어 집단의 성원이라는 공동의 정체성을 형성한다. 이러한 과정에서 집단이 갖는 의미가 중요해지고, 자신의 가치와 집단의 가치를 동일시하게 된다(Spears등, 1992). 즉, 커뮤니티를 통해 형성된 정체성(identity)과 소속감은 커뮤니티의 행동 규범과 제재 체계를 창출하여 커뮤니티 구성원이 동일한 감정(community sentiment)을 지닐 수 있게 한다. 커뮤니티 감정은 구성원들로 하여금 커뮤니티 가치나 신념 및 규범에 적응하도록 하는 강력한 힘이 되며(Poplin, 1979), 최순화 등(2000)은 가상커뮤니티 의식은 다차원적 성격을 지니며 소속감(membership), 영향력(influence), 몰입도(immersion) 등 세 개의 하부요인을 사용하여 측정이 가능하며 회원들의 가상커뮤니티에 대한 소속감과 영향력, 몰입도와 같은 가상커뮤니티의식이 가상커뮤니티 가치에 영향을 미친다고 주장하였다. Poplin(1979)는 가상커뮤니티 의식의 결정요인으로 소속감, 일체감, 자발적 참여의식을 제안하였다.

5. 커뮤니티의 사용성 특성

사용성(usability)에 관한 연구는 최근 이십여년간 다양한 연구자와 적용이 이루어져 왔다(Neilsen, 1993; Preece 등, 2002; Rubins, 1994;

Shneiderman, 1988). 사용성에 대한 기본적 요구사항은 다른 소프트웨어와 비슷한데 소프트웨어는 일관성(consistent)을 가져야 한다. 사용자는 소프트웨어를 제어할 수 있어야 하며, 소프트웨어의 반응 형태는 예측할 수 있어야 한다(Shneiderman, 1998).

사용성에 관한 국제표준인 ISO 9241-11에서는 사용성을 "특정한 사용자가 특정한 사용 정황에서 특정 목적 달성을 위하여 해당 제품을 사용할 때의 효과성, 효율성, 만족"이라고 정의하면서, 사용성의 척도로 효과성, 효율성, 만족으로 구분하고 있다. 일본의 KDDI(2002)는 모바일 사용(usability) 특성으로서 보기 쉽고 가지고 다니기 쉬운 조작성(manipulation), 사용과정에서 스트레스가 없고 보기 좋으며 안심감을 주는 쾌적성(comfort), 알기 쉽고 기억하기 쉬운 인지성(perception) 등을 상품화 개념의 중요 요소로 제시하고 있다.

Neilsen(1993)은 사용 특성을 학습성(learnability), 효율성(efficiency), 기억용이성(memorability), 사용 오류(errors), 만족(satisfaction)을 얻기 위한 기술적 테스트 과정으로 정의하고 있다. Rubins(1994)은 사용 특성을 유용성(usefulness), 효과성(effectiveness), 학습성(learnability), 태도(attitude)로 구분하였으며, Olsson(2000)은 "The usability concept re-considered"에서 Neilsen의 정의를 대표적 이론으로 설명하고 있다. Preece 등(2002)은 소프트웨어는 사용하는데 효과적(effective), 효율적(efficient), 현명함(sage), 효용성(utility), 학습용이성(easy to learn), 기억용이성(easy to remember)을 가지고 있다고 제시하였다.

Preece 등(2003)은 커뮤니티의 사용성 구성요소로 대화와 사회적 지원, 정보 제시성, 탐색편리성, 접속용이성을 정의하고 있다. 대화와 사회적 지원(dialog and social support)은 대화 규약(protocol)을 학습하는데 어느 정도의 시간이 소요되며, 메시지를 보내거나 읽거나, 혹은 다른 행동을 수행하는데 얼마나 어려운지에 대한 것이다. 사용자는 후에 커뮤니티로 다시 찾아올 때 어떻게 해야 할지를 기억할 수 있고 오류를 적게 만드는 대화와 사회적 지원의 성향에 만족한다. 정보 제 시성(information display)은 얼마나 손쉽게 정보를 찾아낼 수 있는가, 그리고 오류가 없거나 거의 없이 정보지향적 목표를 가지고 일을 수행 할 수 있느냐이다. 즉, 사용자가 만족하고, 정보 설계(design)에 친숙 한 것을 어떻게 구축하느냐이다. 탐색편리성(navigation)은 방대한 양 의 정보교환이 이루어지는 실제 온라인 커뮤니티에 포함된 웹 어플리 케이션의 주요 사용성 주제이다. 접속용이성(access)은 온라인 커뮤 니티에서 중요성이 증대하고 있는 사용성 특징이다. 개발자는 사용자 가 이용할 수 있는 단말기로 커뮤니티에 접속할 수 있는가, 사용자들 이 이 메시지를 읽고 보낼 수 있는가, 반응시간은 적당한가 등을 스스 로에게 질문해야 한다.

한편, 탐색 편리성(navigation)은 사이트의 세부적인 관점을 나타내 는 속성으로 사용자의 웹사이트 탐색 또는 콘텐츠 검색이 용이한 정도 를 나타낸다. Neilsen(1997)은 사이트는 동일한 방법의 탐색 기능을 제 공해야 하며, 사용자에게 혼돈을 가져올 수 있는 제목(headline, page title, image icon)을 피해야 한다고 하였고, Emma(1998) 등은 탐색 편리성은 사용자가 스스로 손쉽게 해당 콘텐츠를 찾을 수 있는 정도라 고 정의하였다. Bachiochi 등(1997)은 효과적인 탐색(navigation)을 도 와주는 인터페이스에 대해 연구하였다. 이들은 효과적인 탐색을 위한 웹 페이지 기본요소를 제안한 Horton(1994)의 연구모형을 바탕으로 웹사이트의 사용자 인터페이스의 효과적인 탐색 기능에 관한 실험 연 구를 진행하여 더욱 효율적인 인터페이스 구조를 도출하였다. 효과적 인 탐색을 위한 웹페이지는 논리적인 디자인 구조를 지니고 있어야 하며 주 메뉴가 위치하는 고정 프레임이 있어야 한다고 주장하였다.

Schwartz(1999)는 웹 사이트를 통해 기업은 기본적으로 제공해야 하는 기본적인 서비스를 충실히 이행해야 하며(대 고객 지원서비스의 질), 부가적으로 고객의 관심을 끌어 재방문을 유도할 수 있는 부가적인 서비스의 제공(대 고객 부가서비스의 질)의 중요성을 강조하고 있다. Liu등(1997)은 웹사이트의 주요 콘텐츠를 설명하면서 고객 서비스 및 지원을 "고객의 질문에 답하는 기능, 제품 및 서비스 지원을 원하는 고객에게 필요한 양식을 보내주거나 그 밖의 기타 필요한 도움을 제공하는 기능"으로 정의하였다. 문남미 등(2000)은 쌍방향 커뮤니케이션을 정의하길 사용자가 웹 사이트를 방문하던 중 특정 정보에 대해 의문 사항이 발생하였을 경우 해당 담당자와 직접 대화를 할 수 있게 해 주어야 한다. 또한 많은 사용자들은 웹 사이트에 대한 피드백을 웹 마스터에게 전해 줄 수 있는 통로가 있는 것을 선호한다.

김호영 등(2002)은 모바일 인터넷의 실제 사용에 영향을 미치는 요인 연구에서 모바일 인터넷의 유용성, 사용성, 시스템의 품질 그리고 즉시접속성이 유의한 것으로 나타났으며, 사회적 영향과 지각된 비용은 유의한 요인으로 나타나지 않았다. 모바일 인터넷의 유용성과 즉시접속성이 다른 요인에 비해 모바일 인터넷 사용에 큰 영향을 미친다고 주장하였다. 즉, 캐릭터 다운로드나 벨소리 등은 기존의 매체화는 차별화된 모바일 인터넷의 유용성을 잘 설명해주고 있고, 위치정보서비스의 확대는 즉시접속성의 중요성을 대변해준다고 주장하고 있다.

제 3 절 관계마케팅 및 구매행위에 관한 연구

1. 전반적인 만족에 관한 연구

만족에 대해 Oliver(1980)은 "불일치된 기대로 인한 감정이 고객의 구매 경험 전 감정과 결합할 때 발생하는 종합적인 심리상태", Garbarino등(1999)은 "어느 기간동안 재화와 서비스에 대한 총 구매와 소비경험을 기반으로 하는 전체적인 평가"라고 정의하였다. Anton (1996)은 고객만족을 "고객의 욕구, 욕망, 기대 등이 상품 및 서비스의 구매, 사용, 소비를 통하여 충족되거나 초과되어 재구매나 충성도를 가져오는 심리상태", Goodman(1996)은 "고객의 요구와 기대에 부응하여 그 결과로써 상품과 서비스의 재구매가 이루어지고 고객의 신뢰감이 연속되는 상태"라고 정의하였다.

전반적인 만족은 시간이 지남에 따라 상품과 서비스의 구매와 소비경험에 기초한 전반적인 평가를 위한 것이다(Berry, 1995; Dwyer 등, 1987; Anderson 등, 1994). 따라서 전반적인 만족은 거래와 관련된 만족과 구별될 수 있고(Oliver,1993), 만족의 결정요인은 제품이 고객의 "원하는 바"에 일치하는 정도로서 여겨지는 지각된 품질 또는 성과이다(Fornell 등, 1996; Anderson 등, 1994)

Chae등(2001)은 모바일 인터넷 서비스의 정보품질에 관한 연구에서 정보품질이 사용자의 만족과 충성도에 영향을 미친다고 주장하였다. Macintosh(1997)는 인터넷 쇼핑몰을 대상으로 소비자의 만족과 신뢰에 대한 연구 결과, 구매과정에서 상점에 대한 만족과 신뢰가 상점에 대한 태도에 유의한 영향을 미치며 이러한 상점에 대한 태도는 구매의도에 유의한 영향을 미치는 것으로 나타났다.

〈그림 2-4〉 Garbarino 등(1999)의 극장 모형

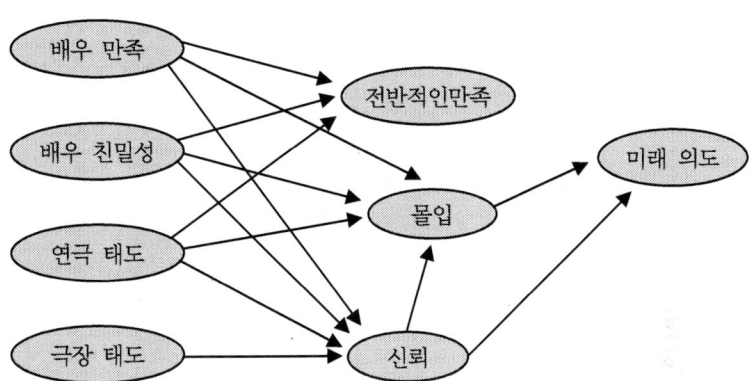

자료원 : Garbarino 등(1999)

Garbarino등(1999)은 브로드웨이 극장 고객을 대상으로 한 태도와 의도에 대한 만족, 신뢰, 몰입관계를 분석한 결과, 낮은 고객관계(개인적 입장권 구매자)는 전반적인 만족이 태도와 의도사이에 매개 역할을 하며, 높은 고객관계(가입회원)는 만족보다는 신뢰와 몰입이 태도와 의도사이에 매개 역할을 수행하였다. 따라서, 높은 고객 관계를 구축하는 마케팅프로그램은 만족이 아니라 신뢰와 몰입을 구축하는데 초점을 맞추어야 한다고 주장했다.

2. 재방문 의도에 관한 연구

커뮤니티 구성원은 커뮤니티를 참가하고자 하였던 목적, 즉 사회적 욕구와 경제적 욕구를 충족하기 위하여 커뮤니티를 재방문한다. 이는

온라인 커뮤니티에 지속적 방문을 의미하는 것으로 수동적인 행위로서 단순한 정보수집과 같은 형태로 나타난다. Hagel등(1997)은 그들의 가상커뮤니티에 관한 연구에서 인터넷 기업이 온라인커뮤니티 구성원들이 요구하는 다양한 욕구를 충족시켜 주도록 온라인 커뮤니티를 관리하게 되면, 온라인 커뮤니티 구성원들의 커뮤니티 수준이 높아지게 되며, 이 커뮤니티에 속한 사이트에 대한 호의적인 태도를 형성하여 구성원의 재방문이 증가된다고 주장하였다.

한편, 인터넷 환경에서 소비자행동에 관한 연구들은 생동감(vividness)(Steuer, 1992)과 상호작용성(interactivity)(Rogers,1986)의 변수들을 채택하고 있는데 소비자로 하여금 가상환경에 몰입하게 하고 가상환경에 더 오래 머물게 할수록 재방문 가능성을 높여준다는 것이었다. Parasuraman등(1996)은 조직을 떠나거나 남느냐를 평가하기 위해 고객의 향후 행위 의도를 평가하는 것은 중요하다고 했으며, Hoffman등(1996)은 웹사이트에 반복적인 방문과 인터넷에서의 구매의도 증대를 위해 구매프로세스를 용이하게 해야 한다는 제시하였다. 이러한 연구들은 가상 마케팅 시스템을 이용하여 기업이 소비자와의 커뮤니케이션 빈도와 질을 고양시킴으로써 고객과 장기적인 마케팅 관계를 유지할 수 있는 관계마케팅 전략의 관점에서 연구되었다(송창석,1997 ;신종철,1999).

IMResearch(1998)의 "한국인터넷 사용자조사"에 관한 연구에서는 인터넷 사용자를 소극만족형, 활용선도형, 재미유형형, 실속도전형의4가지 유형으로 나누고 웹사이트 만족도 및 태도, 재방문 의향에 관한 인과모형을 개발하였다. 분석결과, 웹사이트 만족도는 웹사이트 태도에 긍정적인 영향을 미치고, 호의적인 웹사이트에 대한 태도는 다시 재방문의도에 영향을 미치는 것으로 확인되었다.

3. 전자상거래에서 구매행위에 관한 연구

가. Jarvenpaa 등(1997)의 연구

Jarvenpaa 등(1997)은 인터넷 쇼핑몰에 대한 소비자의 반응을 연구결과 제품에 대한 지각, 구매 경험, 소비자 위험 등의 변수는 구매태도와, 제품에 대한 지각, 구매 경험, 고객 서비스 변수는 구매의도와 유의한 관계가 있는 것으로 나타났다. 고객들은 전통적인 형태의 쇼핑과 비교하여 인터넷쇼핑이 비용과 시간을 절약할 수 있는 잠재성을 인식했으나 직접적인 타겟 쇼핑은 어렵다고 결론짓고 있다.

〈그림 2-5〉 Jarvenpaa 등(1997)의 연구모형

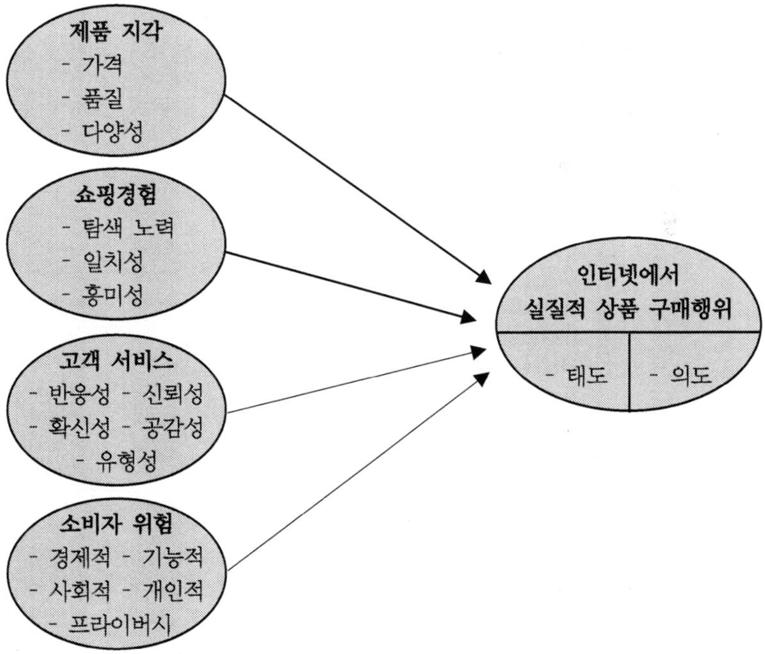

그러나 이 연구는 구매를 하는 사람보다는 그렇지 않은 사람들의 견해가 많이 수집되어 위험변수가 상대적으로 높게 나타났으며, 주로 고소득층의 컴퓨터 여성을 대상으로 설문을 하였는데, 여러 연구를 통해 나타난 자료에서 실질적으로 인터넷 사용자의 비율이 남성이 높기 때문에 표본선정에 문제가 있을 수 있다.

나. 김상용, 박성용의 연구(1999)

김상용 등(1999)은 전자상거래에서 구매경험이 있는 소비자뿐만 아니라 잠재 소비자 모두를 대상으로 하여, 소비자들이 인터넷을 이용한 구매를 하게 되는 이유, 인터넷은 이용하지만 구매를 하지 않는 경우 그 이유가 무엇인지, 전자상거래에 따르는 혜택과 위험 요인들은 소비자의 구매의도와 어떤 관계가 있는지, 전자상거래에서의 구매 경험은 그 이후의 소비자의 구매의도에 어떤 영향을 미치는지, 인구통계변수들은 구매의도에 어떤 역할을 하는지를 연구하였다.

연구 결과는 혜택요인에 대해 구매집단이 비구매 집단보다 높은 평균값을 가지며, 위험 요인에 대해서는 비구매 집단이 구매집단보다 높은 평균값을 갖는 것으로 나타났고, 혜택요인과 위험요인들에 대해 구매의도에 미치는 영향이 비구매 집단과 구매집단에 따라 차이가 나타남을 보였다. 구매여부는 혜택요인과 위험 요인들을 모두 고려한 이후에도 구매의도에 긍정적 영향을 주는 것으로 나타났으며, 인구통계적 변수들의 구매의도에 독립적으로 미치는 영향이 통계적으로 유의하게 나타났다. 그러나 이 연구는 PC통신을 이용한 홈쇼핑을 함께 다루고 있어 전자상거래를 위한 연구로 볼 수 없는 한계점을 가지고 있다.

다. 기타 연구

　Bettencourt(1997)는 고객의 자발적 성과모델을 식료품점을 이용하는 고객들을 대상으로 실증조사를 통해 이를 검증하였다. 이 연구에서 고객만족을 통한 고객몰입과 고객을 위한 지원을 고객의 자발적인 성과의 선행요인으로 보았고, 이 변수들간의 상호작용을 고려하였다. 그 결과 고객만족과 지각된 고객지원이 고객 몰입과 긍정적인 관련이 있는 것으로 나타났고, 고객만족과 충성도간의 관계가 고객몰입의 매개에 의해 강하게 관련이 되는 것으로 제시되었다.

　이학식 등(1999)은 국내 호텔산업을 대상으로 시장지향성과 사업성과간의 관계연구에서 기업의 시장성 노력이 사업성과와 더불어 고객의 충성도 향상을 가져온다고 주장하였다. 115개 호텔에서 자료를 수집하여 분석한 결과 시장지향성이 높을수록 사원만족과 고객만족, 사업성과가 높아지는 것으로 나타났으며, 사원만족이 높을수록 서비스 품질이 높아지며, 서비스 품질이 높을수록 고객만족과 충성도가 높아졌다. 고객만족과 사업성과간의 관계는 정(+)의 방향으로 나타났으나 통계적으로 유의하지 못한 것으로 나타났다.

　Swaminathan(1999)은 판매자의 특성, 거래의 보안성, 개인정보에 대한 관심, 소비자의 특성이 전자적 교환에 미치는 영향을 실증적으로 연구한 결과, 판매자의 우수성과 소비자의 편리지향성이 소비자의 온라인 구매빈도에 긍정적인 영향을 미친 반면 소비자의 사회 지향성은 온라인 구매에 부정적인 영향을 미친 것으로 나타났다. 그러나 거래의 보안성과 개인정보보호에 대한 관심은 Jarvenpaa 등(1997)의 연구 결과와 유사하게 온라인 구매빈도에 유의적인 영향을 미치지 못하였다.

Li 등(1999)은 지각된 채널효용, 쇼핑성향, 인터넷 지식, 그리고 인구통계적 특성이 온라인에서의 상품 구매빈도에 어떤 영향을 미치는지에 대해 실증적으로 연구하였다. 이 연구에서 이들이 채택한 채널효용, 쇼핑성향, 인터넷 지식, 그리고 인구통계적 특성 등의 변수는 구매빈도에 긍정적인 영향을 미치는 것으로 나타났다.

Donthu 등(1999)의 연구에서는 인구통계적인 특성으로 볼 때 여성보다는 남성이, 흑인보다는 백인이, 저학력자 보다는 고학력자가, 저소득층 보다는 고소득층이 구매의도가 더 높은 것으로 조사되었다. 또한 인터넷 쇼핑객들은 비쇼핑객들 보다 더 혁신적인 것으로 나타났다. Donthu 등(1996)은 정보형 광고(informercial)에 노출된 후 상품을 구매하는 소비자들과 구매하지 않는 소비자들 간의 차이점을 개념적 차원에서의 가설검증을 통해 살펴보았다. 구매자와 비구매자간의 차이의 검증에 있어, 나이, 교육, 소득과 같은 인구통계변수에서는 통계적 차이가 존재하지 않지만, 정보형 광고 쇼핑의 혜택요인들과 위험요인들에 있어서의 통계적 유의성이 존재함이 밝혀졌다. 그밖에도, 소비자의 혁신성, 상표에 대한 의식정도, 가격에 대한 의식정도, 편리함, 상표다양성, 충동성, 광고에 대한 태도, DM(direct marketing)에 대한 태도 등에서 구매자와 비구매자간에 차이가 존재함을 발견하였다.

Chung 등(2003)은 인터넷 쇼핑몰에서 재구매 의도에 영향을 미치는 요인에 관한 연구 결과, 전반적인 만족에는 제품가격, 제품품질, 제품다양성, 반응성, 확신성, 신뢰성, 유형성, 편의성, 사이트이미지, 촉진, 혁신성, 신용카드선호도가 양(+)의 유의함을 보여주고 있고, 공감성, 소비자위험, 사회지향성은 음(-)의 유의함을 보여주었다. 재구매 의도에는 제품가격, 제품품질, 제품다양성, 반응성, 확신성, 신뢰성, 공감성, 유형성, 편의성, 사이트이미지, 촉진, 혁신성, 신용카드선호도가 양(+)의 유의함을 보여주고 있고, 소비자위험과 사회지향성은 음(-)의 유의함을 보여주고 있다. 전반적인 만족은 재구매 의도에 직접적인 영향을 주는 것으로 나타났다. 또한 젊고 혁신적인 계층 즉, 인터넷을 좋은 환경에서 비교적 오래 사용한 학생과 젊은 직장인이 인터넷 쇼핑몰의 주고객으로 나타났다.

4. 기술수용모형(TAM)에 관한 연구

기술수용모형(Technology Acceptance Model; TAM)은 1989년 Davis가 기술 수용에 대한 설명과 예측을 하기 위해 제시한 모형으로 Fishbein등(1975)의 추론된 행동이론(TRA : Theory of Reasoned Action)을 기초로 하고 있다.

TAM은 "혁신기술의 하나인 컴퓨터 수용을 결정하는 요인을 설명하고자 개발된 것으로, 매우 광범위에 걸친 컴퓨팅 기술 최종사용자의 행동을 설명하는 데 있어 간명하면서도 이론적 근거도 풍부하게 가지고 있는 모형"이다(Davis 등, 1989).

Davis(1989)의 TAM이론에 따르면, 사용자의 시스템 사용의도(behavioral intention to use)가 실제 시스템 사용(actual system use)을 결정하며, 사용자의 시스템 사용의도는 다시 시스템 사용에 대한 사용자의 태도의 영향을 받아 결정된다는 보고 있다. 그리고 이 태도는 사용자의 시스템 사용에 관한 두 가지 신념, 즉 지각된 유용성과 지각된 사용편의성이 직접 영향을 준다.

<그림 2-6> 기술수용모형(TAM)

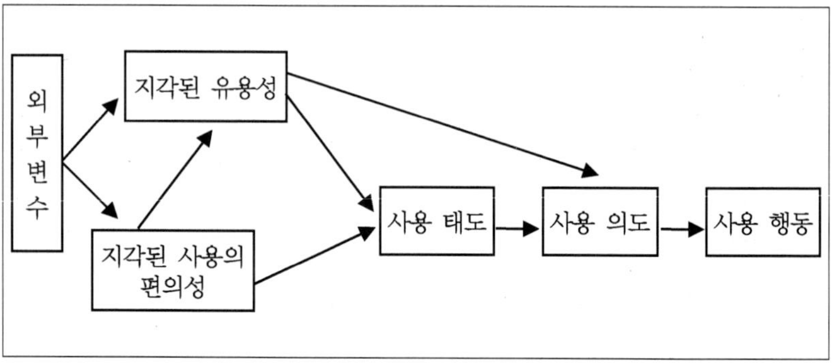

자료원 : Davis등(1989)

또 모델의 인과관계 속에서 보면 지각된 유용성은 태도를 통하여 간접적으로 시스템사용 행동의도에 영향을 미치지만 직접적인 영향도 준다. 이 사실은 사람들은 일반적으로 특정 기술의 사용이 자신의 업무수행을 제고할 것이라는 신념에 근거하여 시스템사용 행동의도를 형성한다는 점을 시사하고 있다.

그간 TAM 연구들에서 공통적인 발견은 사용자의 정보기술수용에서 지각된 유용성 변수가 지각된 사용의 편의성보다 더 큰 영향을 갖고 있음을 보여 주었고, TAM 연구의 경향은 지각된 유용성과 지각된 사용의 편의성에 영향을 줄 수 있는 외부변수들(external variables)에 관한 연구가 주류를 형성하여 TAM을 확장한 연구들이 대부분이다.

최근 연구들을 살펴보면, DBMS 선택, DB응용프로그램 수용, 전자메일 사용, 스프레드쉬트나 워드프로세싱 등과 같은 정보기술의 수용에 TAM 모형을 도입, 이 모형의 유효성을 연구, 검증하고 있다(구동모 등, 2001). 따라서 인터넷 웹 상에서 물건이나 서비스를 탐색, 조사, 주문, 구매하는 인터넷쇼핑은 최근 급속히 발달한 정보기술을 이용한 소매방법의 하나로 전통적 소매 비즈니스 모델을 변화시킨 혁신의 하나로 수용되고 있다는 점을 생각할 때(Chen, 2000), TAM 모형을 근간으로 하여 소비자의 인터넷 구매행동을 설명하고 예측하는 데 적용할 수 있다. 특히 최근에는 웹브라우저 사용(Fenech, 1998), 가상상점 혹은 웹쇼핑(Chen, 2000; Ruth, 2000) 분야에 응용한 연구가 나와 있어 TAM 모델을 이론적 근거로 하여 국내 인터넷 및 모바일 사용자들의 구매행동에 관한 연구에 근거가 되고 있다.

제 3 장

모바일 커뮤니티의
사례 연구

제1절 국내외 온라인 커뮤니티 동향

1. 국내 온라인 커뮤니티 동향

가. 온라인 커뮤니티 서비스 현황

커뮤니티 서비스는 인터넷 포탈을 지향하고 인터넷 비즈니스를 하는 다양한 사이트에서 기본적으로 제공하는 대표적인 서비스이다. 채팅, 게시판, 동호회, 여론조사 등의 서비스를 통해 네트워크 공간에서 가상 커뮤니티를 형성하고 참여하는 회원간에 긴밀한 연대감과 소속감을 가지게 하여 지속적인 방문을 유도하여 회원 확보와 로열티 증대에 매우 효과적인 도구가 되고 있다.

이러한 특성 때문에 온라인 커뮤니티 서비스는 포탈 서비스의 4대 구성 요소인 4C (content, community, communication, commerce) 중 신규 가입자 확보 및 기존 가입자의 유출을 막는데 가장 효과적인 서비스로 평가되고 있다. 커뮤니티 서비스 제공업체들은 커뮤니티 서비스를 통해 고정회원과 인터넷 접속건수를 늘릴 수 있어, 다음커뮤니케이션, 싸이월드, 네이트 등과 같은 인터넷 전문업체로부터 삼성SDS, 두루넷 등의 대기업까지 많은 업체들이 인터넷에서 커뮤니티 사이트를 서비스하고 있다. 인터넷 사업자가 제공하는 커뮤니티 사이트의 유형을 분류해 보면 〈표 3-1〉과 같다.

〈표 3-1〉 인터넷 사업자의 커뮤니티 사이트 유형 분류

유 형	세대	기반서비스	종 류	성 격
포털	1세대	검색 기능형 포탈에서 출발	야후, 라이코스, 네띠앙, 한미르	사용자의 체류시간을 늘리기 위한 부가 서비스로 제공. 단순한 메뉴와 신규 개설의 어려움. PC통신 동호회와 인터넷 커뮤니티의 과도형
	2세대	전자우편, 개인 홈페이지 제공형 포탈에서 출발	다음, 드림위즈	인터넷 콘텐츠가 화두가 되던 시기에 사업 시작. 다양한 콘텐츠 제공 측면에서 커뮤니티 사용, 커뮤니티 개설의 용이성 확대
대기업 네트 워크		기업의 홈페이지 커뮤니티 제공	현대닷컴, SKOK 캐쉬백, 삼성몰, 신세계	오프라인 고객을 효율적으로 묶기 위한 수단으로 커뮤니티 제공
전문 커뮤 니티	1세대	동호회 전문사이트	프리챌	주제별 커뮤니티를 활성화하여 인터넷 광고 등 수익모델 창출, 쇼핑몰의 기능강화 방향으로 발전
			아이러브스쿨	오프라인 네트워크를 온라인으로 끌어들이는 가장 효과적인 방식으로 회원확보
		채팅전문사이트	하늘사랑, 세이클럽	주제별 ,연령별 채팅을 통해 커뮤니티 활성화. 실시간 커뮤니티 회원접속여부 알림기능과 아바타를 필두로 한 B2C를 구축, 가장 먼저 상업적 이익을 내는데 성공.
		실명제 인맥전문사이트	싸이월드	실명 가입을 통해 인맥을 넓혀가기 위한 다양한 서비스제공. 오프라인 인맥을 온라인에서 확장시키는 방식으로 회원유지, 미니홈피 등의 아이템은 블로그 등 차세대 아이템과 통합되어 발전
		게임전문사이트	다모임	게임을 중심으로 커뮤니티 활성화
	2세대	블로그 기능을 가미한 미니홈피와 무선 인터넷에 의한 기능강화		

자료원 : 시민미디어정보센터(2003)

주요 업체의 커뮤니티 현황을 살펴보면, 2003년 11월 현재, 세이클럽의 총 커뮤니티 수는 454,282개이며, 싸이월드는 249,658개이며, 아이러브스쿨은 133,098개를 나타냈다. 싸이월드의 경우 프리챌의 1,218,196개, 다음커뮤니케이션의 2,960,597개에는 크게 못미치는 수치이지만, SK텔레콤이 소유한 네이트와 합병을 하면서, 블로그의 영향과 함께 급성장하면서 각종 랭킹 사이트 순위에서 프리챌을 제치고 있다(시민미디어정보센터, 2003).

〈표 3-2〉 주요 온라인 커뮤니티 서비스의 비교

구분	프리챌 (02년 9월)		싸이월드 (03년 11월)		세이클럽 (03년 11월)		아이러브스쿨 (03년 11월)	
	수	비율(%)	수	비율(%)	수	비율(%)	수	비율(%)
情	770,776	63.30	164,516	65.90	275,743	60.70	72,785	54.69
정보	253,466	20.80	39,412	15.79	53,232	11.72	18,564	13.95
즐거움	193,954	15.9	45,730	18.32	125,308	27.58	41,749	31.37
합계	1,218,196	100	249,658	100	454,283	100	133,098	100

자료원 : 시민미디어정보센터(2003a)

커뮤니티 서비스 업체들의 서비스 항목은 대체로 비슷하다. 그러나, 사이트마다 나름대로 독특한 유형의 커뮤니티를 구축하여 차별화된 커뮤니티 모델을 구성하고 있다. 싸이월드와 프리챌 등은 인맥 기반의 커뮤니티 모델로서 동문회나 향우회 등을 중심으로 결속력이 강한 커뮤니티를 가상공간에 개설해 주는 서비스를 제공한다. 가상공간에 구축된 동창회에서는 회원들의 주소가 자동으로 등록되고, 온라인으로 동창회가 열리기도 한다. 또한 자신과 관련된 인맥 정보들이 온라인으로 전달되어 바쁜 생활 때문에 직접 만나기 힘든 사람들도

이러한 커뮤니티 서비스를 통해 연결된다.

인터넷 커뮤니티는 친목과 교제 위주의 연고형 커뮤니티가 처음에 급속하게 성장하였다가 점차 정체 내지는 비중의 축소를 가져오고 있다. 이렇게 볼 때, 인터넷 커뮤니티는 연고형 커뮤니티와 관심사 커뮤니티가 서로 혼재된 상태로 공존하고 있으며, 시간이 지날수록 개인의 관심과 목적에 부합하는 커뮤니티가 점차 증가하고 있다고 할 수 있다.

2002년 조사에 따르면 커뮤니티에 가입한 인터넷 이용자는 39.5% 에 이르는 것으로 나타났으며, 사이버 커뮤니티 가입자의 약 60%가 6개 미만의 사이버 커뮤니티에 가입한 것으로 나타났다. 가입자를 성별로 살펴보면, 여성의 가입률이 40.4%로 남성(38.8%) 대비 다소 높은 것으로 나타났다(시민미디어정보센터, 2003).

한편, E-mail, 메신저 등 정보기술이 문자, 영상 등을 이용한 다양한 커뮤니케이션 수단으로 이용됨에 따라 기존 전화 등의 커뮤니케이션 방식을 "1:1"에서 "1:n 또는 n:n"로 변화시키고 있으며(한국전산원, 2003), 인터넷 이용목적도 〈표 3-3〉과 같이 단순 자료 검색뿐 아니라 메일, 인스턴트 메신저(채팅), 커뮤니티 사이트(동호회) 등 이용의 커뮤니케이션 기능이 증대되고 있다.

〈표 3-3〉 인터넷 이용 목적

(%, 중복응답, 인터넷 이용자)

	메일 사용	자료 정보검색	게임	채팅	쇼핑 예약	동호회	오락	신문 뉴스잡지	금융 거래조회	학습	기타
2001.12	66.2	77.0	47.0	8.1	13.6	6.6	14.6	11.2	6.5	5.5	2.0
2002.12	76.5	71.3	44.0	18.3	13.3	11.1	7.5	7.3	4.6	3.0	0.9

자료원 : 한국인터넷정보센터(2003)

나. 온라인 커뮤니티의 새로운 방향성

네티즌들이 뉴스 콘텐츠를 보고 이메일이나 메신저를 주고받거나, 정보를 찾는 행위들은 특정 커뮤니티 내에서 이뤄진다. 이러한 활동은 오프라인과 달리 커뮤니케이션의 신속성으로 인하여 급속한 여론 형성 과정을 거치면서 어떤 힘(power)을 지니게 된다. 지난 2002년 월드컵과 촛불시위, 제 16대 대통령 선거에서 보여준 네티즌의 힘은 "인터넷 커뮤니티"에서 시작되었다는 평가가 지배적이다.

이미 약 2백만 개의 카페가 존재하는 다음커뮤니케이션의 경우에는 하루에 2~3천 개의 카페가 새로 개설된다. 다음의 카페는 중요 이슈가 터질 때마다 가장 먼저 커뮤니티를 통한 공론화가 이뤄지는 곳이기도 한데 최근에는 이라크전과 관련해 반전 평화를 주장하는 카페가 많이 개설되기도 하였다.

디지털카메라 전문사이트인 디시인사이드(www.dcinside.co.kr)는 2002년 "아햏햏(무언가 말로 표현할 수 없는 것을 보았을 때 내는 즐거움의 감탄사로 네티즌이 만든 문화코드)"문화를 만들어 내면서 사회 전반에 걸쳐 네티즌 여론을 이끌기도 했다. 20~30대가 주류를 이루는 디시인사이드 역시 게시판에 게시되는 답변 글이 여론 형성의 중요한 기능을 하고 있다. 인스턴트메신저도 하나의 거대 커뮤니티를 형성하고 있는데 국내에서 가장 많이 사용되는 MSN 메신저는 2002년 월 사용자가 500만 명이며 다음 메신저 사용자도 300만 명에 이를 것으로 추산되고 있다.

최근 2002년 후반을 기점으로 온라인 커뮤니티의 새롭고 다양한 형태들이 여기저기서 등장하기 시작했다. 그것은 새로운 개인 통신매체와 커뮤니티의 결합이라는 형태로 나타났다. 블로그 커뮤니티, 메신저 커뮤니티, 모바일 커뮤니티, P2P 커뮤니티 등을 그 대표적 예로 들 수 있다. 이러한 새로운 커뮤니티의 특징은 개인의 소통 능력 향상에 힘입어 자신의 개성과 관심에 따라 다양한 사회적 관계를 맺으려는 "네트워크화된 개인주의"가 발현되는 개인 중심의 커뮤니티라는 점이다. 온라인 커뮤니티의 분화 과정은 보다 개방적이고 개인들의 자율과 개성에 기반한 커뮤니티로 변모하고 있다.

온라인 공간에서 새롭게 각광받고 있는 것은 블로그 커뮤니티라고 할 수 있다. "블로그 붐"이라고 할 정도로 많은 블로그사이트(블로그〈blog〉는 웹〈web〉과 로그〈log〉의 합성어로서, 원래 '인터넷에 기록하는 일지'라는 의미를 담고 있다. 이것은 개인들이 자신의 관심사에 따라 일기나 칼럼, 기사, 사진 등을 자유롭게 올리는 일종의 1인 미디어라고 할 수 있다)들이 만들어지고 있으며 급속히 성장하고 있는 추세이다.

2. 미국 온라인 커뮤니티 동향

日經BP(2002)가 2002년 포춘 500기업 중 소비재를 취급하는 업종 그룹별 상위 27개사를 대상으로 표본 추출한 조사결과에 따르면 67%가 자사의 온라인 커뮤니티를 가지고 있으며, 26%는 온라인 커뮤니티가 없으며, 7%는 외부 온라인 커뮤니티를 사용하는 등 〈표 3-4〉와 같이 고객과의 커뮤니케이션 수단으로 온라인 커뮤니티를 적극적으로 활용하고 있다.

한편, 온라인 커뮤니티를 도입하고 있지 않는 기업에서도 대부분 다른 방법으로 고객과 교류를 하고 있다. 예를 들어, 월마트에서는 샘스클럽이라는 강력한 회원제 프로그램을 가지고 있다. 미국 은행의 대부분은 온라인 커뮤니티를 가지고 있지 않지만 충실한 고객서비스를 하고 있으며, 고객과 커뮤니케이션을 위한 다양한 방법을 제공하고 있다.

〈표 3-4〉 미국 주요 기업의 온라인 커뮤니티 활용 실태

기업명	포춘500	소비재유형	온라인 커뮤니티의 활용 예
General Motors	3	자동차	collegeclub.com의 스튜던트 커뮤니티를 사용하여 젊은 구매자를 목표로 한 General Motors 홍보
General Electronic	6	다각화된 사업	GE Medical이 운영하는 온라인 커뮤니티에서는 의사가 의료기구나 제품에 대해 질문과 정보교환
IBM	9	컴퓨터 사무기기	IBM이 주관하는 게시판에서는 S/W개발자간 리눅스나 웹서비스 등 토픽에 대해 의견교환
AT&T	15	통 신	AT&T 월드네트웍은 사용자의 로열티를 높이고 경쟁사와 차별화를 위해 온라인 커뮤니티를 개설
Merck	24	제 약	약3천명의 의료전문가로 구성된 폐쇄적 회원제 온라인 커뮤니티에서 회원은 질 높은 의견교환
Sears & Robuck	32	일반소비재	craftsman Club에서는 프로나 아마츄어 전문가가 도구 사용법이나 기타 분야에 대해 정보교환
Procter & Gamble	35	칫솔 화장품	luv.com의 게시판에서는 엄마가 가족이나 육아에 대한 아이디어나 경험담을 공유
AOL/Time Warner	37	미디어/오락	AOL은 세계에서 가장 활발한 온라인 커뮤니티 로서 폭 넓은 종류의 커뮤니티 Tool을 제공

자료원 : 日經BP(2002)

3. 일본 온라인 커뮤니티 동향

일본의 커뮤니티 서비스는 유선상의 무료 만남계(만남, 결혼, 미팅, 이혼, 연애 등으로 세분화됨) 사이트를 중심으로 활성화되어 있다. 일본의 만남계 사이트는 메일상대를 찾거나 같은 취미나 흥미를 가진 친구, 이상형의 연인과 결혼 상대를 찾는 사람과 사람의 만남을 목적으로 한 커뮤니티로서 네트워크 비즈니스의 성공 사례로 주목받고 있다.

〈표 3-5〉 일본 주요 포털사이트의 커뮤니티 서비스 현황

	Yahoo! JAPAN	Lycos Japan	Goo	Excite	Infoseek	MSN
게시판	○	○	○	○	○	○
메일링리스트	○	○	○	○	○	X
메일매거진	X	X	○	○	○	○
화상메일	X	X	X	X	X	X
그리팅카드	○	○	X	X	○	○
인스턴트 메시지	○	X	X	X	X	○
채 팅	○	○	X	○	○	○
비디오채팅	○	X	X	X	X	○
인터넷전화	○	○	X	X	X	X
홈페이지	○	○	○	X	○	X
인터넷디스크	○	X	X	X	○	X
스트리밍 전송서버	X	○	X	X	X	X
만 남	○	○	X	○	○	○
경 매	○	○	○	○	○	○
게 임	○	X	○	○	○	○
휴대폰과 연동	○	○	○	X	○	X

주 1) ○ : 서비스 공급, X : 서비스 공급없음
   2) 2002년 11월 현재 기준
자료원 : 松岡裕典 등(2003)

한편, 일본이 한국에 비해 온라인 커뮤니티 서비스가 활성화되지 못한 이유는 첫째, 한국과 비교해 게임기, 빠징코 등 오락 도구가 많아 온라인 커뮤니티를 하기 위해 PC에 비용이나 시간 투자가 적고, 둘째, 일본은 지역색이 강해 수도에서 성공한 서비스는 지방에서는 고전하는 경향이 있어 커뮤니티 서비스의 전국적인 확산이 어렵다는 점 등을 들 수 있다.

만남계 사이트의 이용목적을 보면 친구 및 메일친구가 70%(같은 취미 30%, 메일친구 30%, 친구 10%)였으며, 이용하고 있는 만남계 사이트 개수는 1개가 66%, 2개 22%, 5개 이상도 1%이었다. 만남계 사이트에서 만난 친구나 연인이 없는 경우가 40%, 21명 이상의 친구나 연인을 만난 경우도 3%로 양극화 현상을 보이고 있다(Zdnet Japan, 2000. 12). 일본의 만남계 사이트는 대부분 무료이나 유료 사이트는 남성 회원만이 요금을 지불하는 시스템을 취하고 있으며, 이용자들은 만남계 사이트를 "새로운 만남의 장소"와 "킬링타임용"으로 혼재하여 사용중이다(재팬인터넷닷컴, 2001. 4).

제 2 절 국내외 모바일 커뮤니티 동향

1. 전세계 모바일 커뮤니티 동향

전세계 모바일 커뮤니티 서비스는 모바일 시장의 확대와 함께 급성장하고 있으며, 공동체형 클럽·동호회 서비스 보다는 개인 고객을 대상으로 하는 미팅·채팅 서비스가 주류를 이루고 있다. 유럽과 미국 사용자들은 한국에 비해 때 비싼 휴대폰을 사용하고 있기 때문에 고소득자를 중심으로 상대방과 대화시 통화보다는 사용료가 저렴한 SMS 서비스가 주로 쓰고 있다. 유럽과 미국 커뮤니티 서비스는 각 국의 이동통신사·단말기회사·네트워크 회사가 제휴한 다양한 글로 벌 플랫폼 형태로 제공하고 있다.

〈그림 3-1〉 전세계 모바일 커뮤니티 서비스 트렌드

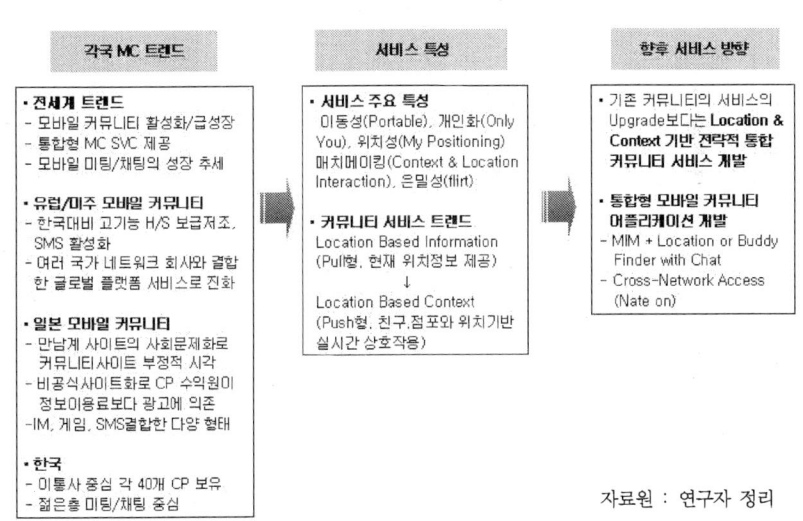

자료원 : 연구자 정리

　　전세계 모바일 커뮤니티 서비스의 특성을 살펴보면, 휴대폰은 개인 이 갖고 다니면서 이동중 다양한 상황이나 조건에 맞추어 친구를 만 나거나 비즈니스 정보를 얻을 수 있으며, 은밀한 개인적 대화의 수단 으로 활용하고 있다. 이러한 커뮤니티 서비스는 기존 특정 지역의 위 치 정보만을 제공하던 서비스에서 사용자의 정황(이동 방향이나 장 소)에 맞춰 실시간으로 친구·점포 등의 정보를 주고 받을 수 있는 서비스 체계로 변모하고 있다. 이러한 변화에 따라, 향후 서비스는

위치와 개인의 정황(context)에 기반하여 인스턴트메시징·위치기
반·친구찾기 등 어플리케이션과 결합되어 새로운 서비스가 다수 개
발될 것으로 예상된다. 전세계 모바일 커뮤니티의 서비스 트렌드를
커뮤니티의 트렌드, 서비스 특성, 향후 서비스 방향을 정리하면 〈그
림 3-1〉과 같다.

　한일간 모바일 커뮤니티 서비스를 비교해 보면 한국은 채팅과 미
팅의 이용 비중이 80% 육박하는 등 연애관련 서비스에 집중되고 있
으며, 서비스별 차별화 요소는 부각되지 않은 채 각 이동통신사 서비
스에서도 상위 2~3개 CP에 매출이 집중되는 현상을 보이고 있다.
반면, 일본은 만남계 사이트를 통한 불건전 교제 등 사회문제 발생으
로 이동통신사의 정식 메뉴가 아닌 URL로 접속하는 비공식사이트에
게시판 형태의 서비스를 제공하고 있으며 수익원을 정보이용료보다
는 광고나 설문조사 등에 의존하고 있다.
　국가별로 모바일 서비스 운영 추세를 보면 한국은 망 개방 등으로
통해 Walled Garden(접근제한 서비스)에서 "Open(개방형 서비스)"
을 병행하도록 유도하고 있으며, 일본은 "Walled Garden"과 "Open"
병행하고 있다. 유럽은 "Walled Garden"에서 "Open(개방형)"서비스
로 변모하고 있다.

〈표 3-6〉 국가별 모바일 비즈니스 모델 비교

구 분	한 국	일 본	유 럽
기술방식	Nate 등 콘텐츠 중시	i-mode등 콘텐츠 중시	WAP(기술 중시)
보급주체	이동통신사업자 주도	이동통신사업자 주도	메이커 주도
사업자와 CP 관계	이동통신사의 과금대행	공식·비공식사이트 차별, 수익 공유	사업자가 콘텐츠를 CP로부터 구매
포탈 운영 방법	Walled Garden	공식: Walled Garden 비공식: Open	Walled Garden 및 개방(WAP/SIM Lock)
수익 모델	사업자:통신료+수수료 CP : 정보료 90%등	사업자: 통신료+수수료 CP : 정보료 90%등	사업자 : 통신료
시장접근 방식	개인용 위주	개인용, 업무용	업무용

자료원 : ARG(2002)

한편, 가상 커뮤니티의 대중화와 커뮤니티 회원이 증가세가 두드러 짐에도 불구하고 커다란 경제적 이익은 거두지 못하고 있다. "네트워크 경제"라고 불리는 기업의 경험을 통해 네트워크의 가치, 잠금 (lock-in)효과, 긍정적 피드백의 증가는 비즈니스모델과 수익 흐름에 대한 안정적이고 독특한 개념을 설명하지 못하고 있다. 가상 커뮤니티의 많은 제공자들이 다음과 같은 질문에 직면하고 있다. "어떻게 1 천2백만 가입자를 통해 수입과 소득을 얻느냐"이다. 사람들은 친구나 다른 마음이 통하는 사람들과 상호작용을 하기 위해 가상 커뮤니티의 서비스를 사용한다. 그러나, 이들 커뮤니티 제공자는 커뮤니티 회원으로부터 수익을 발생시킬 수 있는 서비스의 종류는 무엇이며 어떻게 해야 하는 가를 해결해야만 한다.

몇몇 커뮤니티의 성공적 이야기가 있지만(예, wall street journal, motley fool 등), 가상커뮤니티는 알려진 것에 비하여 수익성은 다소 먼 이야기이다. 커뮤니티 서비스 제공자는 모바일 서비스를 통해 그들의 인터넷 기반 플랫폼의 확장으로 새로운 비즈니스 기회를 보고 있다.

모바일 커뮤니티 서비스의 수익성은 기존의 온라인 커뮤니티 서비스보다 높은데 그 이유는 기본적으로 PC보다 휴대폰의 사용자가 많을 뿐만 아니라 여성 사용자도 상대적으로 많으며, 손쉽게 참가하고 언제 어디서나 사용할 수 있다는 장점에 있다(松岡裕典 등, 2003).

이러한 수익에 대한 새로운 희망은 모바일 네트워크를 통해 커뮤니케이션을 하는데 기꺼이 비용을 지불할 의사를 가지고 있는 고객과 모바일 서비스의 수요가 증가하고 있다는 점에 기초를 두고 있다. 모바일 서비스를 통한 가상 커뮤니티의 확장은 "가상 커뮤니티"에서 진화의 새로운 단계를 보여 주고 있다.

앞으로 모바일 커뮤니티 서비스는 다양한 사업자에 의해 운영될 것이며, 좀 더 혁신적인 주제가 나올 것이다. 모바일 커뮤니케이션 사용자들은 새로운 모바일 서비스에 대해 기꺼이 지불할 의사를 가지고 있다. 따라서, 모바일 커뮤니티 서비스 사용을 위한 과금에 대한 트래픽 모델이나 새로운 가격이 필요하다. 모바일 서비스를 위한 flat rates(정액제)나 subscriptions(회비)는 실제 SMS 트래픽의 활성화와 모바일 네트워크 운영사에 대한 정규적 수익 구조를 제공한다는 점에서 중요하다.

2. 국내 모바일 커뮤니티 동향

가. 모바일 커뮤니티 서비스 현황

국내의 모바일 커뮤니티 역사를 살펴보면, 도입기인 1999년~2000년에는 텍스트 위주의 커뮤니티로서 폰 페이지, 게시판, 동호회 서비

스를 제공하였다. 2001년도의 시장형성기에는 무선인터넷 시장이 확
대되고 채팅 · 미팅 서비스가 활성화되면서 신규 사업자의 진출이 두
드러지고 있다(KTF, 2003. 3). 이후 서비스에 대한 다양한 기술 발
전이 이루어져서 시각화(포토 · 아바타 등)와 위치기반(번개팅 · 폰
팅) 등을 통해 서비스가 풍성해졌으며, 프리챌 · 다음 등 유선 커뮤니
티의 업체의 모바일 시장진입으로 본격적인 커뮤니티 시장이 형성되
었다. 경쟁이 격화됨에 따라 사업자들은 차별화를 위해 텍스트형 서
비스에서 멀티미디어 서비스로 전환을 서두르고 있으며 유무선을 연
동한 복합 서비스를 준비해 왔다(에어아이, 2003).

한편, 2003년도는 기업형 커뮤니티 서비스의 성장기라 할 수 있는
데 유선 커뮤니티 업체가 모바일에서 두각을 나타내고 있으며, 기존
의 채팅 및 미팅 중심에서 탈피하여 목표 시장에 따른 세분화된
B2B · B2C형 서비스를 시작하고 있다. SKT는 자동차딜러, 목회자,
중고생 등 협회 · 단체 · 기구 등 소속회원들을 대상으로 직업과 관련
된 어플리케이션을 모바일 ASP(application service provider) 서비스
로 제공하고 있다(biz.nate.com, 2003).

모바일 커뮤니티 잠재 시장은 크게 세 가지로 나눌 수 있다. 국내
법인사업체는 301만여개에 종사자 수는 1,360만여명(통계청 사업체기
초조사, 2000)에 이르고 있다. 커뮤니티를 구성할 수 있는 유효잠재
시장은 다단계마케팅 회원 35만명, 11만 무역업체, 의약사 10만여명,
목사 85,000여명, 중고차 딜러 4천여 업체에 종사자 10만여명, 3700여
개 여행사, 변호사 4700여명 등 다양한 집단의 많은 오프라인 커뮤니
티가 존재하고 있다. 대학 캠퍼스 현황을 보면 전국 대학수가 316개
교(한국교육개발원, 2001)이며, 이중 종합대학이 156개교, 전문대학이
160개교에 이르고 있으며, 2001년 전국 대학생수는 230여만명이며 한

해 입학 정원은 70만명선에 달하는 거대 커뮤니티 시장을 형성하고 있다(임규관, 2003).

원격진료와 전자서명에 대한 제도적 장치가 마련됨에 따라 PDA 등 모바일기기를 활용하여 때와 장소를 가리지 않고 환자의 건강상태를 확인할 수 있는 모바일케어 서비스 시장도 태동하고 있다(전자신문, 2003. 4. 24). 대학간 차별화 요소로 대학마다 "모바일 캠퍼스" 구축열풍이 일면서 2003년 중 적어도 100 여개 대학에 무선 랜 서비스 시스템이 구축되었다. SMS 단말기 업계에서도 2003년 1,000억원에 달하는 SMS 단말기 및 서비스시장 가운데 모바일 캠퍼스 관련 SMS 시장이 약 20~30%가량을 차지할 것으로 기대하고 있다(디지털타임즈, 2003. 3. 18).

기술적 측면에서 보면, 3G 이동통신 기술인 IMT-2000 서비스는 고속의 멀티미디어 데이터 처리가 가능하고 언제 어디서나(anytime, anywhere) 이동성을 보장하기 때문에 IMT-2000에 의한 커뮤니티 서비스는 기존의 인터넷 유선망만의 서비스나 SMS 기반의 2G상의 간단한 무선 서비스와는 큰 차별성을 가지며 고속의 IMT-2000에 의한 유무선 연동 커뮤니티 서비스는 그 파급 효과가 클 것으로 예상된다.

IMT-2000 서비스가 도입되는 2003년 이후에는 가상 공간에서 각종 활동이 유선과 무선 서비스가 연계되어 더욱 편리하고 이상적인 형태로 이루어질 것이다. 더욱이 무선으로 확장된 가상공간 안에서 사람들은 공통관심사를 갖는 다양한 커뮤니티를 생성해 나갈 것으로 기대되고 있다.

나. 이동통신사의 무선인터넷 커뮤니티 서비스

SKT·KTF·LGT 등의 국내 이동통신사에서는 유선 인터넷과 무선이 연결 되는 유무선 포탈 사이트를 구축하여 운영하고 있는데 이들 이동통신사의 포탈 사이트에서도 커뮤니티 서비스는 중요한 위치를 차지하고 있다. 이동통신사에서 커뮤니티 서비스를 중요시 하는 것은 커뮤니티 서비스가 신규 가입자 확보 및 기존 가입자의 이탈을 막는 중요한 기본 서비스이기 때문이기도 하며, 특히 무선 인터넷 서비스의 주 사용자가 10~20대 연령층이기 때문에 젊은 연령층이 선호하는 블로그, 채팅, 미팅, 클럽활동, 메일 등의 커뮤니티 서비스 분야에 많은 투자를 하고 있다.

현재 모바일 커뮤니티는 채팅, 미팅, 폰페이지, 동호회, 게시판, 기타로 구성되어 있으며, 이중 채팅과 미팅의 이용 비중이 80% 육박하는 등 연애관련 서비스에 집중되고 있다. 국내 이동통신사별 커뮤니티 매출 비중을 보면 SKT가 전체 무선인터넷 서비스의 8%(월 10억원), KTF가 5%(2억원)를 차지하고 있다(KTF, 2003. 3).

모바일의 특성상 유선의 커뮤니티와 상이한 컨셉·구성 서비스 요구됨에도 불구하고, 서비스 차별화 요소는 부각되지 않고 있으며, 각 서비스에서도 상위 2~3개 CP에 매출이 집중되는 현상을 보이고 있다(에어아이, 2003).

〈표 3-7〉 이동통신사의 모바일 커뮤니티 서비스

2003년 11월 기준	커뮤니티 서비스	
	서비스명	내 용
011 Nate	채팅/미팅	와글와글대화방, 찜남찜녀미팅, 꼬셔꼬셔팅
	유명 브랜드팅	듀모미팅, 클럽프렌즈세이클럽로망스 등
	테마 게시판	사랑과 이별, 미팅친구, 성인마당 등
	매니아 세상	바우클럽, 컬쳐클럽 등
	폰 팅	두근두근콜, 바로바로Call 등
016 MagieN	게시판	이야기마당, 끼리끼리, 최고를 찾아라 등
	동호회/클럽	매직엔동호회, 다음, 프리챌, 다모임 등
	채팅/미팅	화끈한만남, 새끈한 미팅, 신나는 채팅
	부 킹	번개맞은미팅, 부킹나라, 친구만들기 등
	메신저	다운로드, 이용방법, New & Tip 등
019 ez-i	자바다운로드	자바다음한메일, 모든메일, 자바다음카페
	채팅/미팅	와글와글대화방, 미팅나라, 찜남찜녀미팅,
	폰팅/부킹	1:!포토미팅, 번개맞은부킹, 스피드부킹 등
	메신저	로미오메신저
	포 탈	다음, MSN, 프리챌, 천리안, 네띠앙 등

자료원 : 각 이통통신사의 무선인터넷 자료 정리

SK텔레콤의 무선인터넷 서비스인 네이트(NATE)의 2002년 이용자 콘텐츠 이용 실적에 따르면, 무선인터넷 콘텐츠 소비는 20대(20~24세)층이 주도하고 있으며, 전체 무선인터넷 소비의 17.3%를 담당하고 있다. 이용하는 콘텐츠중 게임은 20세 미만, 미팅은 30대가 각각 선호하고 있다. 성별로는 남성이 전체의 59.5%를 차지하고 있으며, 10대는 소비욕구는 큰 반면에 구매력이 약해 사용빈도는 낮은 편이다(SKT, 2003a).

남성 이용자가 선호하는 콘텐츠는 미팅 포토 날씨 등 실용성이 높은 서비스이며, 여성 이용자가 선호하는 콘텐츠는 그림친구와 같은 핸드폰 꾸미기, 음악 등 감성 콘텐츠였다. 가장 인기 콘텐츠는 뮤직

(28.2%), 그림친구(15.5%), 게임, 컬러링, 미팅 순으로 나타났다. 이용자들은 주중에는 미팅, 성인, 포토 등 이용하며, 주말에는 뮤직, 게임, 방송, 뉴스 등을 주로 이용하였다. WAP(wireless application protocol)단말기 소지자 대비 실제 이용자는 월 평균 60.5%였으며, 월평균 1인당 히트수는 WAP소지자 82회, 실제 이용자 136회였다.

SBR&C(2003)이 Nate 채팅·미팅서비스 이용자 501명을 대상으로 실시한 조사에 따르면, 네이트 채팅, 미팅서비스를 알게 된 계기는 "네이트 접속후 메뉴를 둘러보다가(56.9%)", "네이트 매뉴얼을 보고(23.1%)", "주위사람에게 들어서(10.4%)", 문자메시지 광고를 받고(8.9%), 기타(0.8.%) 순으로 나타났다. 또한, 서비스를 최초로 사용하게 된 계기는 "심심해서 대화할 사람을 찾다가(49.5%)", "호기심으로(43.7%)", "익명의 대화상대를 찾기 위해서(3.3%)", "오프라인 미팅을 위해서(2.8%)", "주위 권유(0.8%)"순으로 응답하여, 대부분의 이용자가 킬링타임용으로 미팅·채팅 서비스를 이용하는 것으로 나타났다.

SKT(2003a)의 "무선인터넷 백서"의 채팅·미팅 서비스 분석에 따르면 채팅·미팅 서비스에 대한 전반적 평가는 부정적인 것으로 조사되었으나, 앞으로 사용하겠다는 의사를 나타낸 이용자들이 56%에 이르는 이중적인 태도를 보이고 있다. 주 이용 장소는 차 안이나 밖에서 사용한다고 응답한 응답자보다 집이나 직장에서 이용한다고 응답한 응답자가 많았다. 이는 휴대폰이 가지는 이동성보다는 프라이버시를 지킬 수 있는 공간에서의 사용을 선호하고 있는 것으로 보인다. 이용자의 35%가 만남을 위해 이용하고 있으며, 그 외에는 대화를 목적으로 이용한다는 응답이 많았다. 특히 이용자의 58.4%가 중독성을 인정하고 있어, 향후 채팅 미팅서비스를 이용하는 이용자들이 헤비유저(heavy user)로 발전할 가능성이 높다.

　SKT(2003b)의 "모바일 커뮤니티 서비스 개발"연구에 따르면 남고 생, 여대생, 여자 직장인, 남대생, 남자 직장인 등 5개 타겟그룹별 모 바일 커뮤니티 수용도, 인터넷 이용태도, 이용커뮤니티 수, 이용목적 에 대한 분석결과 전반적으로 새로운 서비스에 대한 수용 태도는 5 그룹중 남고생 그룹이 가장 높게 나타났다.

　모바일 커뮤니티 서비스에 대한 수용 태도가 긍정적으로 평가된 타겟 그룹은 남고생 그룹, 여대생 그룹, 여자직장인 · 남대생 · 남자직 장인 그룹 순으로 나타났다. 여자 그룹이 남자 그룹에 비해 수용도 높은 편이며, 특히 이동 중 쇼핑 시 commercial과 연계성 정보 수집 욕구 큰 것으로 보여진다. 전반적으로 학생 그룹이 직장인 그룹에 비 해 수용도 높은 편인데, 이는 직장인들은 대부분 회사 내에서 항시 PC를 이용 하고 있기 때문에 커뮤니티 서비스를 이용하는데 모바일 기기의 차별적 강점인 이동성, 위치성 등에 대한 욕구가 현재 상태에 서 그다지 크지 않기 때문이다.

　각 4개 장르(익명간 모임, 지인간 모임, 토론만을 위한 모임, 1:1 데이트)별 이용빈도, 이용목적, 의사전달방식 및 이용경우에 대한 분 석결과, 1:1 데이트에 대한 니즈보다는 익명 · 지인간 정보 및 친목교 류에 대한 니즈가 압도적으로 높았다. 지인간 모임에서는 친목 모임 보다는 정보 교류 목적으로 이용빈도가 더 높고 1:1 데이트에서는 익명과 함께 보다는 지인과 함께하는 이용 빈도가 더 높아, 향후 모 블로그(moblog:mobile+blog)나 이통통신사에게 직접 제공하는 통합 형 커뮤니티 서비스가 제공될 경우 모바일 커뮤니티 시장이 급속히 증가할 것으로 보여준다.

〈그림 3-2〉 커뮤니티 장르별 이용목적, 의사전달 방식 분류

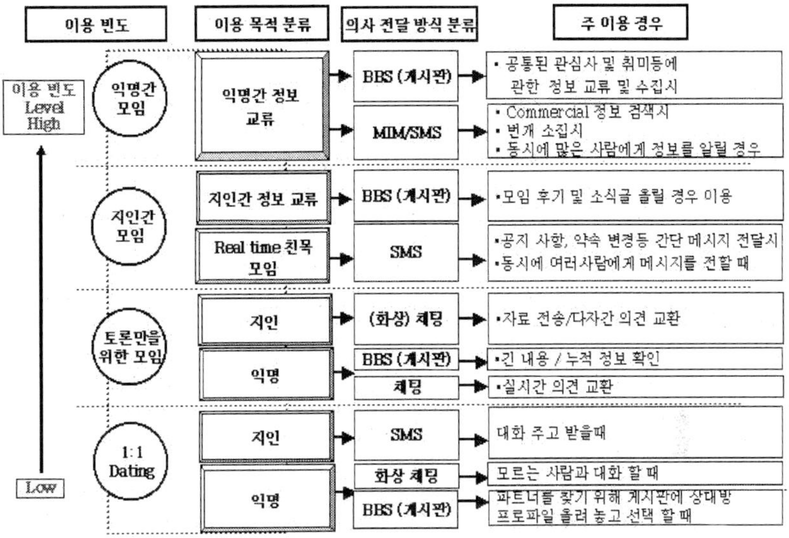

이용 빈도	이용 목적 분류	의사 전달 방식 분류	주 이용 경우
이용 빈도 Level High / 익명간 모임	익명간 정보 교류	BBS (게시판)	• 공통된 관심사 및 취미등에 관한 정보 교류 및 수집시
		MIM/SMS	• Commercial 정보 검색시 • 번개 소집시 • 동시에 많은 사람에게 정보를 알릴 경우
지인간 모임	지인간 정보 교류	BBS (게시판)	• 모임 후기 및 소식글 올릴 경우 이용
	Real time 친목 모임	SMS	• 공지 사항, 약속 변경등 간단 메시지 전달시 • 동시에 여러사람에게 메시지를 전할 때
토론만을 위한 모임	지인	(화상) 채팅	• 자료 전송/다자간 의견 교환
	익명	BBS (게시판)	• 긴 내용 / 누적 정보 확인
		채팅	• 실시간 의견 교환
1:1 Dating	지인	SMS	대화 주고 받을때
	익명	화상 채팅	모르는 사람과 대화 할 때
		BBS (게시판)	파트너를 찾기 위해 게시판에 상대방 프로파일 올려 놓고 선택 할 때

Low

자료원 : SKT(2003b)

다. 모바일 커뮤니티 서비스의 방향

최근 20~30대를 중심으로 형성된 멀티미디어 개인 미니 페이지(블로그)가 네티즌의 사이버 문화를 바꾸면서, 기존 "다음"의 카페, 프리챌의 "커뮤니티" 서비스 등 단체 이용자를 중심으로 형성되었던 사이버문화가 1인 미디 홈페이지 문화로 대체되고 있다. 인터넷상에서 블로그 서비스가 인기를 끌면서 2001년 9월 서비스를 시작한 싸이월드는 2004년 3월 현재 회원수 675만명을 자랑하고 있다. 네이버, 세이클럽, 싸이월드 등 3개 업체의 2002년 2월 기준 블로그 방문자 수가 2360만명에 달할 만큼 폭발적 성장세를 유지하고 있다(주간조선, 2004.4.29).

이러한 미니홈피는 모바일 서비스와 결합하는 모블로그 추세로 변

하고 있다. 모블로그는 휴대폰 이용자들이 휴대폰 카메라로 찍은 사진을 홈피에 올리고, 문자 서비스를 이용해 글도 남기는 서비스이다. 2004년 4월 선보인 "모바일 싸이월드" 이용자가 서비스 개시 3주만에 3만 명을 넘어서는 폭발적 반응을 보이고 있으며, 하루 평균 1,500여 명이 휴대폰에 "모바일 싸이월드"를 내려받고 있다. 또 이 서비스를 지원하는 단말기종이 늘어나면서 이용자가 꾸준히 증가하고 있어, 상반기 내 30만 명에 이를 전망이다. KTF는 블로그를 휴대폰으로 이용할 수 있는 "매직엔 블로그"를 지난 2월 선보였으며, LG 텔레콤도 제노모바일과 제휴해 2003년 12월부터 유무선을 통합한 "엠블로그" 서비스를 시작하였다.

한편, 국내 모바일 커뮤니티 서비스가 외국에 비해 우수한 기술 및 보급 환경에도 불구하고 서비스 활성화가 되어 있지 않은 요인으로 기술적 제약점을 들 수 있다. 우리나라의 CDMA(code division multiple access)방식은 기지국과 사용자와 개별송출 방식을 채택하고 있어, SMS를 통한 개인에게 개별 전송시 99%에 가까운 정보도달율을 보이고 있으나, 반면 다수 가입자를 대상으로 한 동시 메일 발송시 막대한 원가가 발생하는 제약점을 가지고 있다. 이에 비해 유럽이나 일본 아이모드가 채택하고 있는 GSM(global system for mobile communications) 방식은 기지국에서 대규모 고객을 대상으로 거의 전송원가 제로의 상태에서 동시 송출이 가능하여, SMS에 비해 네트웍 부하가 적게 걸리고 실시간 정보 제공이 가능하다는 장점이 있다.

이에 따라, 국내에서는 커뮤니티 운영자가 회원간 실시간 정보 교환을 하고자 SMS를 통한 다량메일 발송할 경우 막대한 발송원가가 발생하여 커뮤니티 활성화에 큰 제약점을 가져오고 있다. 또한, 커뮤니티의 핵심인 사용자의 DB를 이동통신사가 장악하고 있어 커뮤니티 고객 DB를 통한 CRM등의 서비스 확장이나 비즈니스 모델 개발에 어려움을 겪고 있다. 이런 기능을 보완하기 위해 일부 휴대폰 단말기에는 CBS(cell broadcasting system)기능을 장착하여 모바일 방송 서비스를 하고 있으나 단말기 및 콘텐츠 부족, 정보의 일방향성 서비스 방식으로 인해 활성화되어 있지 않는 상태이다. 향후 망개방이 진전되어 다양한 MVNO(사설망사업자)가 등장하고, 이들 사업자들에게 이동통신사에서 커뮤니티 고객 통화료의 일부분을 대가로 제공하는 수익모델이 만들어진다면 커뮤니티 서비스는 더욱 활성화될 가능성이 높다.

3. 유럽·미국 모바일 커뮤니티 동향

미국의 Computer Economics에서 2002년 2월 발표한 보고서에 의하면 향후 5년 간 인터넷의 주요 변화 가운데 가장 상위를 차지한 부분이 무선 단말기를 통한 인터넷 사용자의 급성장이다. 이 보고서에 의하면 향후 5년 안에 전체 인터넷 사용자 가운데 약 25%가 무선 단말기를 사용할 것으로 예상하고 있다. 1992년 모바일 커뮤니케이션 기술을 활용한 글로벌 시스템이 소개된 이래 무선시장은 급성장하고 있다. 2000년 현재 유럽에서는 전세계 7억 8천백만 명의 휴대폰 사용자 중 2억 5천2백만 명 이상이 휴대폰을 사용하고 있다.

유럽의 모바일 콘텐츠 시장은 벨소리, 캐릭터, 다운로드, SMS(문자메시지) 서비스가 인기를 끌고 있으며, 대부분 SMS와 엔터테인먼트 서비스에 집중되어 있다. 정보기반 서비스는 SMS를 통한 뉴스, 교통, 기상 안내가 주를 이루고 있으며, 점차 시장을 확대해 가고 있다. 또한 첨단 위치기반 기술의 도입으로 정보기반 서비스의 성장이 더욱 빨라질 것으로 예상되며, 모바일 게임에서도 활발하게 적용되어 독창적인 서비스가 다양하게 개발되고 있다. 특히, TV 프로그램과 연계하여 시청자들의 참여를 이끄는 SMS 서비스도 큰 인기를 끌고 있다.

한편, 유럽의 모바일 메시징 어플리케이션 시장은 e-mail이나 인스턴트 메시징 같은 인터넷 메시징 서비스의 성공, 모바일의 급격한 SMS 사용에 힘입어 2001년 78.9억유로, 2002년 88.5억유로에서 2005년에는 85.5억유로로 꾸준한 지속세를 보일 것으로 기대된다(Durlacher, 2001). 메시징시장은 최근 MMS가 도입되기 시작했지만, SMS의 우세는 당분간 계속될 것으로 보인다. 이는, 단말기 교체 주기를 고려했을 때, 멀티미디어 서비스를 지원하는 핸드폰의 대중화는 앞으로 2~3년이 소요될 것으로 예상되기 때문이다.

〈표 3-8〉 유럽의 모바일 메시징 시장 규모

(단위 : 10억 유로)

	2001년	2002년	2003년	2004년	2005년
Instant messaging	0.001	0.005	0.06	0.24	0.76
mobile e-mail	0.003	0.01	0.09	0.19	0.32
multimedia messaging	0.42	0.78	1.14	2.20	3.11
SMS messaging	7.47	8.05	7.45	6.0	4.36
계	7.89	8.85	8.74	8.63	8.55

자료원 : Durlacher(2001)

유럽의 모바일 커뮤니티는 한국과 일본의 이통통신사 중심이 아닌 이동통신사, 솔루션 업체, 서비스 제공자가 다양한 형태의 제휴를 통해 서비스를 제공하고 있다. 유럽은 높은 휴대폰 보급율과 사용자의 메시지 사용에 대한 비용지불에 익숙하기 때문에 GPRS(general packet radio service) 로밍이나 MMS 가격 수준 결정 같은 문제를 해결할 수 있을 것으로 기대되기 때문에 전망이 밝은 편이다.

한편, 미국의 SMS 서비스는 대부분의 전화회사가 SMS를 제공하고 있지만, 유럽과 달리 전화회사간 상호운용성이 결여되어 있고 이용료도 비싸 고객의 이용율이 부진한 편이다. 미국에서는 휴대전화를 걸거나 받을 때 텍스트 메시지 송수신과 같은 분단위 이용료가 부가되기 때문에, 이용자는 SMS보다는 통화를 선호한다. 이에 비해, 유럽이나 아시아 휴대전화 서비스는 문자메시지가 분 단위 과금이 아닌 전화를 건 회수나 보낸 메시지 건수에 대해 과금하기 때문에 통화보다 비용이 저렴하여 선호하고 있다. 그러나, 미국은 무선 서비스에 가입한 사람이 전인구의 40%에 불과하고, 더욱이 휴대전화의 통화 이외 목적으로 사용하는 사람은 10%에도 미치지 못하기 때문에 시장성은 무궁무진한 편이다.

4. 일본 모바일 커뮤니티 동향

일본의 모바일 커뮤니티 서비스 현황을 살펴보면, 1980년대 전화를 통한 폰 미팅이 확산되면서 어린이 납치 사건 등 사회적으로 심각한 문제가 발생되면서 이후 만남계열 커뮤니티 사이트는 정부의 규제를 받고 있다. 만남계 사이트를 통한 불건전 교제 등 사회문제 발생으로 일본 최대 무선인터넷 서비스인 NTT도코모의 아이모드는 만남계를 비공식사이트화 하고 있다.

아이모드 오픈 당시 대부분의 비공식 사이트(공식사이트는 이동통신사의 공식메뉴에서 서비스되는 것을 말하며, 비공식사이트는 이동통신사의 공식메뉴가 아닌 URL이나 숫자 등을 이용하여 해당 메뉴에 접속하는 서비스를 말함)는 커뮤니티 사이트를 중심으로 급증하기 시작하였는데, 이들 커뮤니티는 게시판과 채팅기능 정도를 구비하고 자신의 휴대전화 이메일이나 전화번호를 공개하여 만남을 가지는 사이트였다. 그러나 비공식 아이모드 트래픽의 50% 혹은 전체(공식+비공식 아이모드 서비스) 트래픽의 25%는 만남계와 데이트 사이트의 매출로 추정될 만큼 거대한 시장이다. Vodafone과 KDDI는 정부의 규제를 받지 않기 때문에 만남계 서비스를 무선인터넷 메뉴상에서 공식사이트로 제공중이다.

최근 일본에서는 유무선을 불문하고 커뮤니티 사이트로 인한 사회문제가 심각해지자, 이용자들이 커뮤니티 서비스를 외면하고 있어 CP(content provider)들에게 악영향을 미치고 있다. 일본 Macromill의 조사(2002년)에 따르면 모바일 이용자의 18%만이 커뮤니티를 이용한 적이 있거나 이용하고 있다고 응답하여 커뮤니티 사이트에 대해 부정적 반응을 보였다.

커뮤니티 콘텐츠는 누구나 가벼운 마음으로 즐길 수 있는 잇점이 있는 반면, CP입장에서는 타 콘텐츠에 비해 회원의 가입과 탈퇴가 빈번히 발생하여 콘텐츠의 품질이나 서비스 유지에 따른 고정 비용이 높아 수익확보가 어렵다. 이는 커뮤니티 사이트를 통한 스토커 행위, 금품 갈취 및 협박 등이 사회문제로 대두되면서 이에 대한 이용자들의 경계가 커뮤니티사이트 이용률을 더욱 위축시키고 있기 때문이다.

이에 따라 비공식 커뮤니티 사이트는 수익확보 차원에서 배너광고와 사이트를 방문하는 이용자에게 앙케이트를 실시하여 광고주로부터 수입을 확보하는 방법, 실제 점포로 고객을 유도하는 광고서비스, 콘텐츠 과금 등을 실시하고 있다. 이중 가장 확실한 수익이 기대되는 것은 공식사이트에 편입됨으로서 월 이용료를 받는 방법과 모바일의 특성인 위치정보와 연동하여 실제 점포로 고객을 유도하는 광고서비스의 제공 등이다.

　반다이네트웍스의 "토모다치 츠나게챠오"는 취미 등이 같은 친구를 찾아주는 월200엔의 유료 커뮤니티로서 이용자가 동사의 대표적 캐릭터인 "시게오"와 대화를 나누면 이용자의 취미 등의 데이터가 축적되고 이를 근거로 이용자와 가장 잘 어울리는 상대를 소개시켜 준다. 또한 위치정보와 연동하여 이용자가 마음에 드는 장소를 입력하면 같은 장소를 등록한 다른 이용자를 소개해 주는 기능을 제공하고 있다.

제3절 국내외 모바일 커뮤니티 사례

　본 연구는 모바일 커뮤니티 사용자의 지각된 특성이 재방문의도에 미치는 영향을 연구하기 위함이다. 따라서, 본 연구를 수행하기 위한 모바일 커뮤니티 특성에 대한 선행연구를 검증, 보완하는 의미에서 국내외 사례를 통해 유의미한 모바일 커뮤니티 특성을 도출하고자 한다.

　연구 대상 사례 기업은 Berridge(2002)와 Underberg등(2001)이 소개한 모바일 커뮤니티 사례를 중심으로 평가하였으며 국내외 커뮤니티 관련 웹사이트 및 모바일 검색을 통하여 서비스 내용의 중복성을 배제하였다. 이렇게 수집된 모바일 사례를 본 연구의 분석 요인(콘텐츠 특성 : 개인화서비스, 위치기반서비스, 정황기반서비스, 사회관계성 특성 : 공유가치, 소속감)에 의거하여 국가별 안배를 통해 선정하였다. 분석요인중 사용성 특성은 특정 연구 시점에서 분석대상의 차별성 및 일관성을 유지하기 어렵다는 측면에서 제외하였다.

국가별로는 한국 1개(러브러브채팅), 일본 3개(Navigety, Imahiman), 미국 1개(UPOC), 유럽 2개(Time2Flirt, Friend Zone)로 고르게 선정하였다. 선정된 모바일 커뮤니티의 6개 사례에 관해 회사개요, 회사 연혁, 사업성과, 서비스 개요 및 사업전략을 중심으로 살펴본다.

1. Navigety

가. 회사 개요

Frepar Networks (http://www.freparnetworks.co.jp)는 지난 2000년 2월 15일, 자본금 7억엔으로 창립되어 2004년 1월 현재 25명의 직원이 근무하고 있다. 동사는 인터넷 방송국 "도래미루TV(www.doremiru.tv)"를 통해 약 5천개의 TV 챠트와 동영상 콘텐츠를 제공중이며, 2002년말 현재 잠재사용자 천만명 규모의 EC 사이트로 성장하고 있다. 주요 사업은 인터넷을 이용한 온라인 동영상 및 음성 통신 및 배급, 인터넷 콘텐츠의 기획 및 제작, 인터넷 비즈니스 전반에 관한 컨설팅 등이다.

나. 사업성과

후레파네트웍스는 1990년말 러브게티(Lovegety : 삐삐모양의 단말기를 통해 사용자가 "이야기상대·놀러갈 상대·애인구함"중 하나의 모드를 선택하여 설정하면, 해당자가 반경 10m이내 들어올 때 벨소리로 알려주어 미팅·만남을 주선하는 서비스임) 단말기 판매를 시작하여 총 200만개를 팔았다. 2002년에는 이를 휴대폰 부착단말기로 개발하여 점포(Shop) 정보제공 및 탐색용 도구로 만든 것이 나비게티(Navigety)이다. 동사가 2002년 12월 발매한 나비게티는 발매 이

전인 11월에 10만대의 선주문을 받았을 정도로 발매 초기에는 제품의 품귀현상을 일으키며 발매 3개월 만에 44만개를 출하하였다. 2003년 여름까지 100만개를 판매하였으며, 대형매장, 할인점, 선물가게 등을 중심으로 연간 300만개 판매를 예상하고 있다.

다. 서비스 개요

프레파네트웍스와 아틀라스가 공동으로 기획하여 2002년 전국적으로 판매를 개시한 휴대전화부착 단말기 "나비게티"(http://www.navigety. co.jp)의 비즈니스 개념은 "지금 여기야"로 현장성을 강조하는 것으로서 동일 모드의 동일 지역내 모바일 커뮤니케이터(Communicator)이다. 나비게티는 NTT도코모의 Open i Area의 위치정보서비스를 기반으로 전국을 482개 블록(반경 2.5km)으로 나누어 위치와 시간에 따라 시시각각 변하는 사용자의 요구를 세밀하게 파악한다. 사용자는 매회 1시간 제한으로 점포에서 실시간 최적 서비스 정보를 얻기 위해 직접 교신하거나, 사용자간에 동일 지역·모드의 매칭도구로 활용한다.

나비게티는 휴대폰에 단말장치를 삽입하면 동일 지역내의 점포(주로 음식점)정보와 사용자의 메시지를 받을 수 있는 서비스이다. 아이모드와 Ez-Web의 간편위치정보를 이용하여 자신이 지금 하고 싶은 것을 선택하고 간단한 코멘트와 그룹의 인원수를 입력하면 원하는 점포 정보를 바로 얻을 수 있다.

특히, 휴대폰에 장착하는 간단한 조작만으로 편리하게 입력을 할 수 있으며, 일괄 수신이 가능한 웹메일을 매개로 하여 점포나 사용자들로부터 메일박스에 단시간에 대량으로 도착하는 직접 메시지를 교환하거나 "왁짜지껄, 두근두근", "지금뿐 여기에서만" 등의 즐거운 정보검색을 할 수 있다.

한편, 점포용 나비게티는 동일 지역의 예상 고객수를 실시간으로 파악할 수 있으며 피크타임에도 단가를 내리지 않고 효과적으로 영업을 할 수 있다. 음식점에 한정되지 않고 호텔, 영화관, 이벤트 및 레저 시설 등 모든 분야에서 시간단위 서비스정보가 발신된다. 나비게티는 6가지 색으로 제공되며 정가는 2980엔(소비세 별도), 정보이용료는 무료이다.

〈그림 3-3〉 나비게티 서비스 개념도

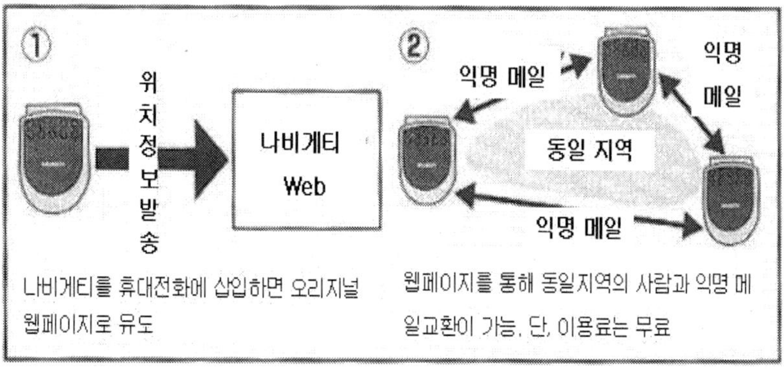

라. 사업전략

나비게티는 TV, 라디오, 신문, 잡지에 이은 제5의 광고미디어로서 휴대전화의 위치정보를 이용한 새로운 판촉 미디어이다. 점포(점포 부근의 구매 고객 유치)와 고객(원하는 조건의 점포 찾기)의 필요를 연결하여 양자의 이익을 극대화하고 고객간의 커뮤니케이션을 통해 수익원이 되는 커뮤니티 활성화를 추구하고 있다. 주요 수익원천은 나비게티 사용자의 단말기 판매(개당 2980엔)이다. 단말기는 1년간만 사용할 후 있어 서비스 갱신에 따라 매년 수익 발생이 가능하다. 그 외, 점포의 초기 등록비(3만엔)와 월사용료 5천엔, 나비게티 화면 광고비 등이 있다.

나비게티의 성공요인은 초기 기획단계에서는 점포 판매 촉진용으로 나비게티를 만들었으나, 충분한 점포가 확보 될 때까지 이를 보충하기 위한 수단으로 헌팅용 친구만들기 코너를 만들어 커뮤니티를 활성화시켜 과거의 러브게티 모델의 경험을 발전시켜 휴대폰 부착 단말기 비즈니스(나비게티)의 신규 시장을 창출한 것이다. 또한 적극적으로 언론을 통한 홍보를 하고 전국적 점포망을 구축한 것도 성공 요인이다.

2. Imahima

가. 회사 개요

이마히마(http://www.imahima.co.jp)는 모바일 커뮤니티나 인스턴트 메시징·어플리케이션 기술의 선두 회사이다. 주요 거래처는 NTT 도코모, KDDI, Vodafone, Orange, Swisscom, AOL, ICQ, Hallmark, Signalsoft 등이 있다. 현재, 기술 제공 을 중심으로 일본과 유럽에서 사업을 하고 있으며 미국 및 인도 기업과 파트너 쉽을 맺고 있다.

나. 사업 성과

이마히마 서비스는 비공식 사이트로 시작했으며 서비스 개시 6개월 만에 회원수 25만명, 1일 약 80만 페이지뷰를 기록해 커뮤니케이션 콘텐츠 중에서는 최초로 아이모드 커뮤니티 공식사이트에 등록된 콘텐츠다. 2000년에 창립하여 현재 회원 50만명을 보유하고 있으며 회원1인당 월 100엔의 정보이용료만으로도 월 5천만엔의 매출을 기록하고 있다.

다. 서비스 개요

이마히마는 일본 제1의 휴대폰 인스턴트 메시징 서비스이며 휴대폰에 접속중인 사용자에게 자신이 지금 "어디에서", "무엇을", "어떤 기분으로"하고 있는 가를 전하거나 그림이 첨부된 메시지를 보내는 위치 정보를 조합한 모바일 커뮤니티와 인스턴트 메시징 서비스이다. 이마히마의 서비스 기본 개념은 그룹 SMS송신, 인스턴트 메시지 서비스와 동일하다. 다른 이동통신사에 가입한 친구들에게 메시지를 보내 지금 만날 사람을 모집하고 "10분내 갈 수 있다" 등으로 답장을 보낸다. 이와 같이 모바일 사용자가 자신의 정황(현재 장소, 목적, 시간대)을 입력한 후 자신이 선택한 사람이나 전체에게 메시지를 공지한다. 현재 일본의 3대 이동통신사에서 서비스되고 있는데 정보이용료는 처음 한달은 무료이며 그 이후는 월 100엔이다. 이마히마의 초기 메뉴(1.상황을 전달한다, 2.친구를 찾는다, 3. Mate 수첩을 본다, 4. imaHima에 초대한다, 5. 자신의 명함을 본다, 6. 등록 변경, 0. Help)는 〈그림 3-4〉와 같다.

〈그림 3-4〉 이마히마 모바일 서비스 초기화면

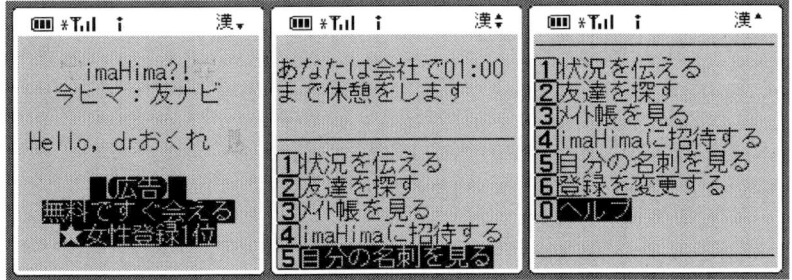

라. 사업화 전략

이마히마는 일본에 유학 온 인도인 엔지니어 "나리지 장지"씨가 아직 위치정보서비스가 제공되지 않던 1999년초에 집 근처에 친구 할 만한 사람이 없을까 고민하다가 "이마히마"를 창업하였다. 서비스 첫 화면에서 영어나 일어 선택이 가능한데 영어버전은 일본 거주 외국인과 친구가 되고 싶은 일본인을 목표로 하였다. E카드, 채팅, 친구검색, 친구상태 검색, 그룹메시지 송신 등의 기능이 있으며 미팅사이트 역할은 하지 않는다. 애플리케이션 기능을 이용해 통신시간을 사용자가 설정하여 일일이 사이트에 접속하지 않고도 자동으로 친구상태를 바탕화면에서 확인할 수 있다.

동사의 비즈니스 모델은 사용자가 친구를 찾는 경우는 무료이지만, PC에서 접속하는 경우에는 유료 과금되는 「HABBO」광고로 사용자를 유도하고 있으며, 휴대폰에서 접속한 경우는 배너 광고를 보거나 월 100엔의 이용료를 낸다. 그외 서비스와 솔루션 제공 등으로 수익을 얻는다.

3. Time2Flirt

가. 회사 개요

카본파트너(http://www.carbonpartners.co.uk)는 영국 런던에 본사를 두고 있는 모바일 미디어 회사로서 크게 3가지 서비스를 제공하고 있다. 첫째, CosmicCupid는 모바일 메시징서비스(SMS)로서 커뮤니티를 포함한 모바일 라이프스타일 서비스이며 친구·연인간 커뮤니케이션과 미팅·채팅 기능이 통합되어 있다. 둘째, iTexu는 양방향 Interactive SMS 서비스이며 소액 결제 Platform (Reverse Billing)을 탑재하고 있다. 셋째, Mobile Marketing 은 Vodafone, 02, Pathe, Hibernian Football Club, Kimberly Clark, Greenroom Digital 등 40여개 기업과 100 여개의 모바일 서비스의 마케팅, 상품 개발 기능을 제공중이다.

나. 회사 연혁

1999년 : Carbon Partners 설립(런던 소재)
　　　　　　(대표 John Farmer - 캠브리지 MBA)
2000년 6월 : CosmicCupid 서비스 개시(모바일 커뮤니티, 엔터테인먼트 서비스)
2001년 1월 : iTexu 개시(2 way interactive SMS, micro billing platform)
2002년 : Time2flirt 서비스 개시, Element platform (커뮤니티 플랫폼)

다. 서비스 개요

Bar, Club 등 각종 만남 장소에서 오프라인 위치기반SMS 채팅·미

팅 서비스로 실제 장소에서 상호 모바일 커뮤니케이션이 가능한 ID,
번호 등을 부여하여 부착 한 후 상호 신분과 전화번호의 노출 걱정 없
이 자유롭고 대담한 미팅 커뮤니케이션이 가능한 서비스를 제공한다.

　서비스의 특징은 상호 신분과 전화번호의 노출 걱정이 없어 자유
로운 미팅과 대화가 가능하다는 점이다. 또한, 만남시 직접적인 접근
보다 모바일 SMS를 활용하여 여러 번의 대담하고 자유로운 접근이
가능하여 만남의 성공률을 높여주고 있다.

<그림 3-5> Time2Flirt의 서비스 개념도

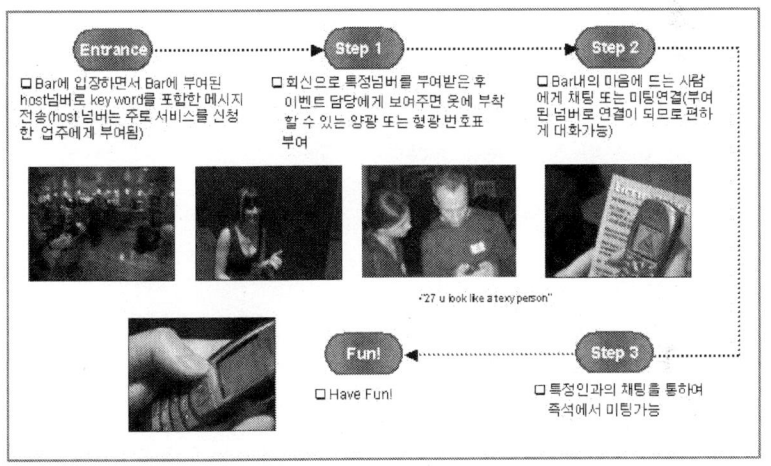

라. 사업화 전략

　동 서비스는 특정지역의 Bar를 찾은 손님으로만 구성된 커뮤니티를
통하여 즉석 채팅과 미팅이 가능하다. 영국내의 Embargo, Digress, Po
Na Na와 같은 Bar와 클럽 체인을 통해 서비스 중이다. 특히, 스포츠
게임을 관전하러 온 관람객이나 영화관을 찾은 관람객을 대상으로

SMS 채팅서비스를 제공하여 업주나 홍보회사에서 마케팅 수단으로
활용하고 있다. 미국과 호주 등에서도 서비스 중이며 주요 타켓은
20~30대이다.

4. UPOC

가. 회사 개요

UPOC(http://www.upoc.com)는 에릭슨 사이버램에서 출발하여
뉴욕에 본사를 두고 현재 40여명의 직원이 있다. 모바일폰, 인터넷폰,
삐삐 사용자를 위한 플랫폼을 제공하고 있다. UPOC는 소비재 상품,
미디어 회사 등이 모바일 커뮤니티, 콘텐츠, 커머스, 타겟 프로모션을
하기 위한 마케팅 툴도 제공한다.

나. 사업 성과

현재 5만개 이상의 모바일 커뮤니티를 운영하고 있으며 1일 5백만
개 이상의 메시지가 전송되고 있다. UPOC는 모든 단말기, 이동통신
사, 플랫폼에도 대응할 수 있는 완벽한 end-to-end 솔루션을 보유하
고 있다. 모바일형 사용자가 만드는 콘텐츠(user generated content)
와 커뮤니티를 결합하여 이용자가 회비 없이 커뮤니티를 사용하도록
하여 이용자를 확보하고, 확보된 이용자를 통해 기업의 스폰서쉽형
홍보와 광고를 유치하고 있다.

다. 서비스 개요

UPOC는 친구와 대화하고 새로운 사람을 만나고 문자메시지로 새로운 정보를 얻는 모바일 커뮤니티이다. 2002년 4월 16일 미국 AT&T 무선 인터넷서비스인 mMode에 프리미엄 프로바이더로 서비스중이다. mMode사용자는 무선인터넷을 통해 모바일 커뮤니티와 채팅 그룹에 참여한다. 사용자는 여론조사, 퀴즈 등 정보와 TV쇼 업데이트, 클럽 이벤트 목록, 소매점 등에 대한 알림 정보를 받는다. 현재 웹사이트에는 50만명의 등록자와 수백개의 그룹이 있으며 모바일과 연동된다.

주요 서비스 는 그룹과 채널로 나눌 수 있다. UPOC Group은 15개의 대분류 하에 다양한 서브 그룹에서 토론에 참여하고 있다. UPOC 그룹 중 Picture Groups(MMS picture messages) 메뉴의 Entertainment 부문이 인기를 끌고 있는데 "Nyc Celeb Sightings"은 현장 연애인 즉석 사진, 뉴욕 볼거리 등을 제공하고 있고 "crazy stuff I saw"는 내가 본 엽기 장면 등을 제공하고 있으며 "Find a Member" 기능은 다양한 검색 조건(실제 이름, 휴대폰 종류, 이메일 주소, 취미 및 관심사, 성별, 연령대)을 제공하고 있다. 한편, UPOC의 "Featured Channels"은 새로운 영화나 선호하는 브랜드 등에 대한 정보를 음성이나 문자메시지를 통해 제공하고 있다. 그중 Destiny's Child(뮤지션), HBO의 Sopranos(TV쇼) 등이 인기있는 서비스이다.

〈그림 3-6〉 UPOC의 모바일 서비스 화면

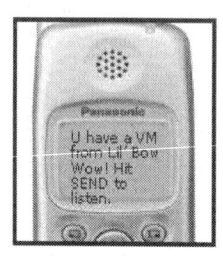  

라. 사업 전략

비즈니스 모델로는 모바일게임, 영화나 음반홍보 등 채널서비스를
통해 스폰서쉽을 운영하고 있다. 즉, 채널은 일반에게 공개하면서 기
업으로부터 개발비, 설치비, 유지비용 등을 받고 있다.

5. Friend Zone

가. 회사 소개

Swisscom Group은 66%의 시장 점유율을 갖고 있는 스위스의 이
동통신 회사로서 지분의 75%는 Swisscom 그룹이 보유하고 있으며
20% 지분은 영국의 Vodafone 그룹이 소유하고 있다. 스위스의 국가
특성상, 영어, 독일어, 프랑스어, 이태리어로 서비스 되고 있다. 2003
년 현재 3백 6십만명의 모바일 가입자를 확보하고 있다.

나. 회사 연혁

1958 Swiss PTT 최초의 radio paging network 구축

1978 NATEL network 시작(Nationales Autotelefon).

1995 제네바에서 GSM1800 network 구축

1998 NATEL InfoService 시작

2002 새로운 전송기술 GPRS 시작

2003 스위스 GSM기술 10주년 행사 개최(NATEL D)

다. 사업 성과

Friend Zone서비스를 제공하고 있는 Swisscom Mobile은 2002년 3
조 7700억원의 순매출을 기록하였으며 2,300여명의 종업원과 2,600개
의 판매거점을 가지고 있다. 또한, 전세계 340개 회사와 모바일 폰
네트워크를 구축하고 있다.

〈표 3-9〉 Swisscom Mobile의 사업 성과

(단위 : 억원)

	2001	2001	2003(상반기)
순매출액	3조6,524	3조7,700	1조8,630
세전 이익	1조7,202	1조8,100	9,680
영업이익	1조4,534	1조5,450	8,240

라. 서비스 개요

Swisscom Mobile의 Community 서비스는 FriendZone (http://webzone.
friendzone.ch/flash/home.html), SMS Group, SMS Chat TXT, WAP

Chat 등 네가지 서비스로 구성되어 있다. 첫째, FriendZone은 친구를 찾거나 대화 상대를 찾는 서비스로서 주변에 있는 친구를 찾아주거나 자신의 프로파일에 맞는 대화 상대방을 찾아주기도 한다. Valis에 의해서 제공되고 있으며SMS, WAP, Web으로 접속이 가능하다. 2001년 5월에 시작되어 2002년 8월 현재 4만명의 사용자가 가입하였다. FriendZone은 IM 솔루션은 아니지만 그 기능을 가지고 있다. 이 서비스는 사용자의 위치 정보를 표시해주기도 하며 사용자가 자신의 기분을 나타낼 수도 있다. 위치 정보는 시내에서는 150미터이며 시외에서는 10km정도의 정확도를 가지고 있다. 사용자의 개인정보 보호를 위해서 데이터 보호 에이전트를 두고 있으며 사용자는 자신의 위치 정보를 파악하지 못하게 할 수도 있다. 또한 모바일 상에서는 자신의 닉네임을 사용하며 자신의 대화방에 친구를 초대하기 위해서는 친구의 모바일 번호를 알아야 한다.

둘째, SMS Group은 하나의 메시지를 여러 사람에게 보낼 수 있으며 동호회, 팬클럽 등을 구성하여 운영할 수 있으며 동호회 시삽에 해당하는 "Boss"가 되거나 "Member"가 되어 활동할 수 있다. 2001년 9월 서비스를 개시하였으며 사용자가 정보 교환을 위한 대화방을 만들 수 있다. 셋째, SMS Chat TXT는 SMS를 이용하여 채팅을 할 수 있으며 토론 등을 진행할 수 있다. 2000년 3월 서비스를 시작하였고 Swisscom Mobile에 의해서 개발되었다. 넷째, WAP Chat는 SMS를 WAP을 통하여 이용할 수 있는 서비스이다. 2001년 8월 서비스를 시작하였으며 스위스에서 가장 큰 Teletext 운영자인 Swiss TXT에 의해서 개발되었다. 여기에는 스포츠와 데이트 대화방이 있다. 서로가 누구인지 모르면서 서로 메시지를 주고 받을 수 있는 서비스로서 주로 10~30대를 대상으로 서비스하고 있다.

〈그림 3-7〉 Friend Zone의 서비스 개념도(1)

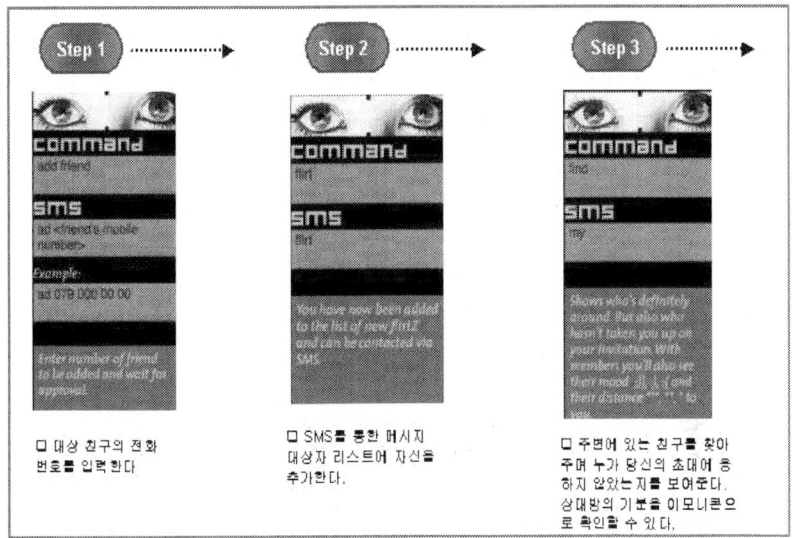

〈그림 3-8〉 Friend Zone의 서비스 개념도(2)

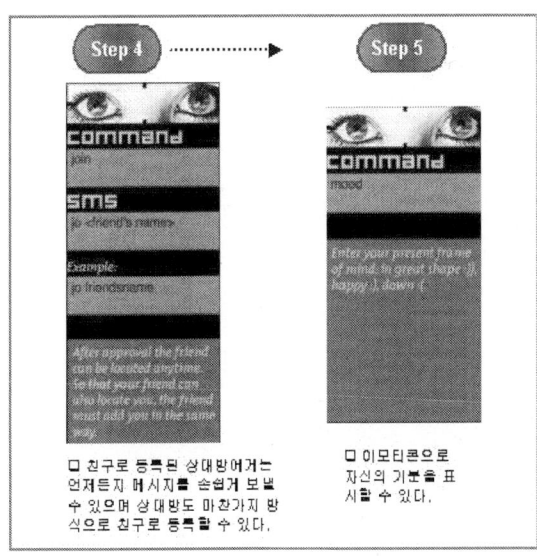

6. 러브러브채팅

가. 회사 개요

러브러브채팅을 만든 사이넷(http://www.psynet.co.kr)은 국내 3개 이통통신사에 모바일 채팅서비스를 제공하고 있다. 회사의 주요 채팅서비스는 "러브러브채팅", "두근두근채팅", "스피드부킹" 등으로 상대방의 프로필을 열람하거나 상대방의 연결을 의뢰하는 서비스에 대해 유료로 과금하고 있다. 특히 채팅이나 부킹서비스는 20대 초반에서 중반까지의 연령을 중심으로 대규모 커뮤니티를 형성하고 있다.

사이넷은 채팅 서비스외에도 다양한 콘텐츠를 제공한다. 스포츠관련 콘텐츠로 지난 월드컵 기간중 SK텔레콤의 모바일 월드컵 중계서비스를 총괄 운영한 바 있다. 교육콘텐츠로는 1:1 입시상담, 실시간 경쟁률 속보, 모바일 원서접수, 합격자 발표, 교육 커뮤니티 등을 서비스하고 있다.

나. 회사 연혁

1999. 12 SK텔레콤 연예정보 대표 CP
2000. 03 SMS채팅 4개국 특허
2001. 03 채팅, 게임, 전자상거래 등 50여개 콘텐츠 서비스
2002. 06 월드컵 K리그중계, 아시안게임 중계
2002. 07 (주)사이넷 기술연구소 설립
2002. 10 유무선 연동 서비스실시, 멀티미디어 서비스기반 구축
2003. 03 MMSC 개발

다. 사업 성과

2000년 3월 창업되어 모바일 채팅, 부킹 등을 통해 거두는 하루 매출이 천만원 정도이며, 2002년에는 매출 33억원, 2003년에는 70억원을 올렸다. 사이넷은 2001년 SK텔레콤이 선정한 커뮤니티군 베스트 파트너 1위를 차지했으며, KTF에서도 1분기 엔터테인먼트 콘텐츠제공업체(CP) 중 1위를 차지하는 등 이동통신 3사에서 주요 CP로 자리잡았다. 특히 휴대폰으로 채팅을 즐기는 "러브러브채팅"의 경우 각 이동통신사의 무선인터넷 서비스 중 최고의 서비스로 인정 받고 있다. 2002년 현재 러브러브회원으로 가입한 회원수는 120만명을 돌파했고 매일 대기중인 24시간 스피드부킹 이용자 수는 2천명에 이른다.

라. 서비스 개요

러브러브채팅은 2백만 회원과 함께 즐기는 모바일 최대 채팅서비스이다. 두근두근채팅방, 보이스데이트, 멤버스클럽, 커뮤니티 뭉치 러브시티, 나의 수첩 등 언제 어디서나 소비자의 기호에 맞추어 즐길 수 있는 콘텐츠가 많은 편이다.

이상의 국내외 모바일 커뮤니티 선진 6개 사례를 서비스명, 회사명, 서비스 개요, 서비스 특징별로 정리하면 〈표 3-10〉과 같다.

〈표 3-10〉 주요 모바일 커뮤니티 서비스 개요

서비스명	회사명	서비스 개요	서비스 특징
Navigety	Frepar Networks(일본)	휴대폰단말 부착장치	휴대전화 부착 단말기. 동일 모드·지역내 커뮤니케이터

서비스명	회사명	서비스 개요	서비스 특징
Imahima	ImaHima Inc (일본)	Instant Messenger	일본 제1의 휴대폰 인스턴트 메시징 서비스
Time2flirt	Carbon Partners(영국)	위치기반 SMS 채팅 서비스	동일 관심사를 가진 사용자를 대상으로 한 위치기반 SMS 채팅·미팅 서비스
UPOC	UPOC(미국)	유무선연동 커뮤니티	커뮤니티용 그룹과 채널 서비스
Friend Zone	Swisscom Mobile(스위스)	SMS 미팅서비스	커뮤니티 서비스는 FriendZone, SMS Group, SMS Chat TXT, WAP Chat 로 구성.
러브러브 채팅	사이넷(한국)	모바일 채팅서비스	SKT, KTF, LGT 등 3대 이동통신사에 채팅, 부킹서비스

제 4 절 모바일 커뮤니티 사례 분석

본 절에서는 국내외 모바일 커뮤니티 사례 연구를 바탕으로 본 연구의 커뮤니티 사용자의 지각된 특성에서 사용할 요인들을 추출하였다. 휴대폰은 많은 사람이 보편적으로 사용하는 기계이기 때문에 인간이 정보기기를 다루기 쉽도록 유연성있는 맨-머신 인터페이스(man-machine interface) 의 설계가 중요하다. 본 연구에서는 모바일 커뮤니티 사용자의 지각된 특성을 맨-머신 인터페이스 개념에 맞추어 Man 측면의 사회관계성 특성, Machine측면의 콘텐츠 특성, Interface측면의 사용성 특성으로 분류하였다.

본 절에서는 커뮤니티 사용자의 지각된 특성을 사회관계성, 콘텐츠 특성 차원에서 사례 분석하였으나, 사용성 특성은 제외하였다. 사용성

특성이 제외된 이유는 첫째, 사용성 특성은 주로 인간과 컴퓨터의 상
호작용 즉, UI(User Interface)에 관한 문제이다. 그러나 UI는 기술에
발전에 따라 수시로 개선되어 특정 연구 시점에서 분석대상의 차별성
및 일관성을 유지하기 어렵다는 측면이 있다. 둘째, 모바일 커뮤니티
서비스는 웹과 달리 글로벌 로밍이 불가능한 서비스로 현지에 가서 서
비스에 접속하여 운영 실태를 파악해야 한다는 한계점을 가지고 있다.

〈그림 3-9〉 커뮤니티 서비스의 사회관계성과 콘텐츠 특성 비교

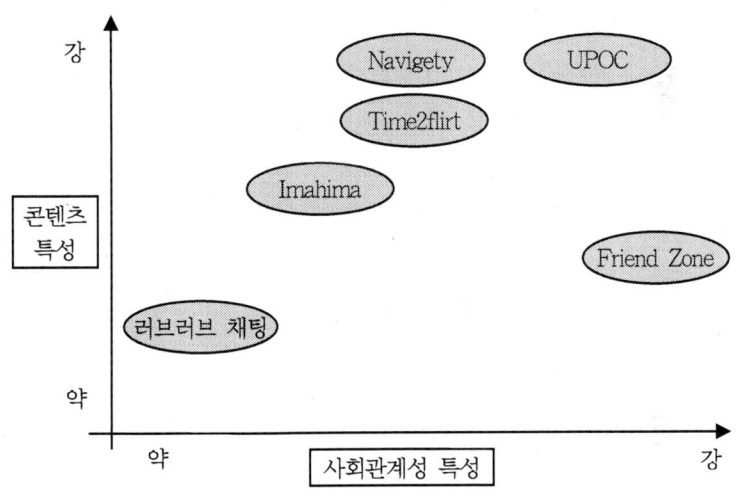

한편, 사례에서 살펴본 6개 기업을 모바일 커뮤니티 사용자의 지각
된 사회관계성과 콘텐츠 특성을 비교하면 〈그림 3-9〉와 같이 미국이
나 유럽의 커뮤니티 서비스가 공동체를 형성하는 사회관계성에 중점
을 두고 있으면서도 콘텐츠 특성이 적극 반영되고 있으나, 한국이나
일본의 커뮤니티 서비스는 주로 개인적인 만남을 지원하기 위한 콘
텐츠 특성 강화에 중점을 두고 있다. 그중에서도 UPOC는 모바일 커
뮤니티 컨설팅회사인 미국의 Participate System이 전세계 유무선 50

개 커뮤니티 사례 중 가장 이상적인 모델로 소개하고 있다. 특히, UPOC는 모바일 커뮤니티 성공의 3대 요소인 특정 목적(Vertical), 지역적(Locational), 일시적(Temporal) 특성을 모두 갖추고 있어, 이 상적인 모바일 커뮤니티 서비스의 모델로 주목받고 있다.

모바일 커뮤니티 사용자의 지각된 사회관계성 특성을 공유가치, 소속감으로 나누어 전세계 주요 커뮤니티 서비스를 비교한 결과, 한국과 일본의 러브러브채팅, Navigety, Imahima 등은 즉흥적 만남을 중심으로 한 일회성 혹은 1:N, 1:1 데이트가 주류를 이루고 있는 반면, 유럽과 미국의 Friend Zone, UPOC 서비스 등은 가치를 공유하는 계층, 연령별 다양한 그룹이나 동호회를 중심으로 1:다수, 다수:다수, 익명간 채팅, 토론 모임 등이 활성화되어 있다.

〈표 3-11〉 모바일 커뮤니티 서비스의 사회관계성 특성 비교

서비스명	회사명	모바일 커뮤니티의 사회관계성 특성	
		소속감	공유 가치
Navigety	Frepar Networks (일본)	특정 상황 만남으로 소속감 빈약	가치 공유없는 즉흥 만남
Imahima	ImaHima Inc (일본)	소속감이 희박한 지인간 커뮤니티	가치 공유없는 즉흥 만남
Time2flirt	Carbon Partners (영국)	소속감이 희박한 만남 중심	개별 만남 위주
UPOC	UPOC(미국)	Group을 중심으로 토론 및 참여	취미/기호에 맞는 그룹 활동
Friend Zone	Swisscom Mobile(스위스)	시삽, 멤버 등 공동체 활동	시삽, 멤버 등 공동체 형태의 가치 공유
러브러브 채팅	사이넷(한국)	사이트에 대한 충성도 약함	개별 만남 위주

모바일 커뮤니티 사용자의 지각된 콘텐츠 특성을 위치기반서비스, 개인화서비스, 정황기반서비스로 세부 정의하고 전세계 주요 서비스 사례를 비교한 결과, 휴대폰에서 위치기반서비스는 모바일의 핵심 특성으로 초기에는 친구찾기의 용도로 활용되었으나, 최근에는 Navigety, Imahima, Time2flirt를 중심으로 단순한 친구찾기를 넘어서 위치에 기반한 친구의 위치정보 수신뿐만 아니라 및 지도정보 출력, 현재 자신의 위치정보에 기반한 인근 점포·가맹점의 할인정보와 결합된 수익모델로 발전하고 있다. 개인화서비스는 개인 특화서비스, 개인화된 초기 화면 등 이미 전세계 대부분의 서비스에서 채택되고 있으며, 그 서비스 제공 수준이 하루가 다르게 발전되고 있다. 정황기반서비스(ubiquity service) 측면에서 보면 Navigety, Imahima는 사용자가 이동하고자 하는 방향이나 목적에 따라 필요로 하는 맞춤정보를 제공하고 있으며, 향후 고객의 취향과 기호 등에 맞춘 마케팅과 연계되어 고객의 충성도를 높일 수 있는 가장 효과적인 서비스로 각광받을 전망이다.

〈표 3-12〉 모바일 커뮤니티 서비스의 콘텐츠 특성 비교

서비스명	회사명	모바일 커뮤니티 콘텐츠 특성		
		개인화서비스	위치기반서비스	정황기반서비스
Navigety	Frepar Networks (일본)	내가 설정한 정보의 실시간 제공	위치기반 친구 · 점포찾기	자신의 정황을 타인에게 공개
Imahima	ImaHima Inc (일본)	바탕화면을 통해 개인상태 표시	위치기반 친구찾기	자신의 정황을 타인에게 공개
Time2flirt	Carbon Partners (영국)	만남을 위한 소도구	특정 지역내 채팅 · 미팅	만남 현장의 대화 소도구
UPOC	UPOC (미국)	내가 설정한 그룹이나 채널의 정보 입수	특정 위치기반 커뮤니티 활성화	현장의 모습 폰카로 올리기
Friend Zone	Swisscom Mobile(스위스)	만남 진행상황 실시간 제공	사용자 위치정보 표시	자신의 현재 기분 등 표시
러브러브 채팅	사이넷(한국)	자신에 맞는 파트너 만남을 자동 검색	사용자 현재 위치정보 표시	3대 이동 통신사와 연동 서비스

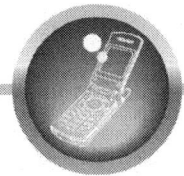

제**4**장

연구 모형의 설정

제1절 연구 모형

모바일은 시간과 장소에 구애받지 않고 사용자가 휴대하고 다니면서 소형 액정 단말기의 함축된 인터페이스를 통해 제공되는 개인화된 서비스인 반면, PC에 비해 불편한 입출력장치 및 낮은 처리 성능으로 이용상의 단점을 가지고 있다(김윤호 등, 2003). 또한, 유선 커뮤니티가 다수의 사람들이 주제 중심의 게시판(BBS등)을 통해 의사소통을 하는 반면, 모바일 커뮤니티는 모바일 폰 사용자가 개인적인 의사소통에 중점을 두고 주변 지인들과 즉각적인 상호작용의 도구로 사용한다(Fremuth등, 2003; Fremaux, 2000). 그외, 모바일은 유선 인터넷에 비해 사용자의 유료화에 대한 저항이 적고, PC보다 휴대폰의 사용자가 많을 뿐만 아니라 여성 사용자도 상대적으로 많으며, 손쉽게 참가하고 언제 어디서나 사용할 수 있다는 장점에 있다(松岡裕典 등, 2003). 따라서 모바일 커뮤니티는 온라인 커뮤니티에 비해 단말기 특성이나 사용자의 이용형태 및 수익 측면에서도 다른 특성을 가지고 있을 것으로 판단된다.

모바일에 관한 연구는 고객 중심적인 연구보다는 기술 중심적인 연구에 치우쳐 있어서(Kristorffersen 등, 1999), 고객이 모바일 커뮤니티 서비스를 어떠한 이유에서 사용하며, 모바일 커뮤니티 서비스를 선택하는데 어떠한 요인을 고려하는지에 대한 연구가 부족한 편이다. 또한 온라인 커뮤니티와 다른 모바일 커뮤니티의 특징으로 인해 모바일 커뮤니티 서비스를 사용하는 고객에게 어떠한 요인이 중요하게 생각되는 지에 대한 연구가 필요한 시점이다.

휴대폰은 많은 사람이 보편적으로 사용하는 기계이기 때문에 사람들이 사용하기 쉬운 유연성 있는 맨-머신 인터페이스(man-machine interface) 단말기여야 한다.

기존 연구를 통하여 컴퓨터 매체에 익숙한 이용자들이 컴퓨터와의 상호작용에서 더 탐색적인 경향을 보인다는 사실이 입증된 바 있다 (Novak 등, 1997; Travino 등, 1992). 본 연구에서는 이러한 경향이 컴퓨터와 상호작용하는 순간의 탐색적 경향뿐 아니라, 일상적인 인터넷 이용 형태, 더 나아가 휴대폰 이용형태에까지도 영향을 미칠 것이라고 본다. 스스로 휴대폰을 잘 다룰 줄 안다고 느끼는 자신감은 이용자들을 더 자주 무선인터넷에 접속하게 만들 것이며, 기계 상호작용 활동뿐 아니라 인간 상호작용 활동에서 영향을 미친다(Hiltz 등, 1986).

따라서, 본 연구에서는 모바일 커뮤니티 사용자의 지각된 특성을 맨-머신 인터페이스(man-machine interface) 개념에 맞추어 Man 측면의 사회관계성 특성, Machine측면의 콘텐츠 특성, Interface측면의 사용성 특성을 변수로 분류하였다. 사회관계성은 사회적 상호작용에 중점을 두는 것을 의미하며, 사용성은 인간 컴퓨터 상호작용(human-computer interaction)에 중점을 두는 것을 의미하며, 콘텐츠 특성은 휴대폰 단말기를 개인이 휴대한 채 이동하면서 자신이 처한 정황에 따라 정보를 사용하는 것을 의미한다.

본 연구는 모바일 커뮤니티 사용자의 지각된 특성, 즉 사용성 특성, 사회관계성 특성, 콘텐츠 특성이 재방문 의도에 미치는 영향에 대해 살펴보고, 모바일 커뮤니티 사용자의 지각된 특성과 재방문의도 사이에 전반적인 만족이 어떠한 매개 효과를 하는지 살펴보았다.

1. 독립 변수(Independent Variables)

가. 커뮤니티 사용성 특성

커뮤니티 사용자의 지각된 사용성(usability) 특성이란 인간 컴퓨터 상호작용(human-computer interaction)을 통해 누리게 되는 고유한 특성을 의미한다. 사용성 특성에는 고객지원서비스(customer support service), 탐색편리성(navigation)을 선정하였다. 고객지원서비스는 Preece 등(2003), Neilsen(1997), Schwartz(1999), Liu등(1997)의 연구를 기초로, 탐색편리성은 Neilsen(1997), Emma(1998), Bachiochi 등(1997)의 연구에 근거하였다.

Preece 등(2003)은 커뮤니티의 사용성 구성요인으로 대화와 사회적 지원, 정보 제시성, 탐색편리성, 접속용이성을 정의하였다. Schwartz (1999)는 웹 사이트를 통해 기업은 기본적으로 제공해야 하는 기본적인 서비스를 충실히 이행해야 하며, 부가적으로 고객의 관심을 끌어 재방문을 유도할 수 있는 부가적인 서비스의 제공의 중요성을 강조하고 있다. Liu등(1997)은 고객 서비스 및 지원을 "고객의 질문에 답하는 기능, 제품 및 서비스 지원을 원하는 고객에게 필요한 양식을 보내 주거나 그밖의 필요한 도움을 제공하는 기능"으로 정의하였다.

Neilsen(1997)은 사이트는 동일한 방법의 탐색 기능을 제공해야 하며, 사용자에게 혼돈을 가져올 수 있는 제목(headline, page title, image icon)을 피해야 한다고 하였고, Emma등(1998) 은 탐색 편리성은 사용자가 스스로 손쉽게 해당 콘텐츠를 찾을 수 있는 정도라고 정의하였다. Bachiochi 등(1997)은 효과적인 탐색을 위한 웹페이지는 논리적인 디자인 구조를 지니고 있어야 하며, 그에 해당되는 구조 버

튼들이 배치되어야 하고, 주 메뉴가 위치하는 고정된 프레임을 가지고 있어야 한다는 등의 연구결과를 이끌어 냈다.

본 연구에서는 고객 서비스 지원(customer service support)을 고객의 질문에 답하는 기능, 제품 및 서비스 지원을 원하는 고객에게 필요한 양식을 보내주거나 그밖의 필요한 도움을 제공하는 기능이라고 정의하였다. 탐색 편리성(navigation)은 사용자가 원하는 정보를 최소한의 클릭으로 찾아낼 수 있는 것을 의미하며 선택된 환경에서 여행할 경로를 결정하는 과정이라고 정의하였다.

나. 커뮤니티 사회관계성 특성

커뮤니티 사용자의 지각된 사회관계성(sociability)은 사용자가 커뮤니티의 사회적 상호작용을 통해 누리게 되는 고유한 특성을 말하며, 커뮤니티 사회관계성 변수는 공유가치(shared value), 소속감(membership)을 선정하였다. 공유가치는 Kim(2000), Preece(2000), Morgan 등(1994), Heide등(1992), Gaudiani(1998) 등의 연구를 기초로, 소속감은 McMillan 등(1986), Poplin(1979), 최순화 등(2000)의 연구를 근거로 하였다. 또한, UPOC, Friend Zone등 유럽과 미국의 모바일 커뮤니티 사례에서는 공통의 가치와 소속감을 가진 사용자들이 모여 만든 다양한 형태의 클럽이나 동호회 서비스가 운영되고 있다.

공유가치(shared value)는 구성원들이 어떤 행위와 목표, 정책들의 중요성 여부, 적절성 여부, 옳고 그름에 대해 가지는 공통된 믿음의 정도이며(Morgan 등, 1994), 규범 즉, 적절한 행동이다(Heide등, 1992). 커뮤니티의 목적을 정의하는 것은 잠재적인 참여자가 즉시 커뮤니티의 목표를 발견할 수 있기 때문에 중요하며(Kim, 2000; Preece, 2001),

몰입과 신뢰의 개발에 기여한다(Dwyer등, 1987). 또한, 공유가치는 조직이나 커뮤니티, 나아가 국가가 성장하는데 중요한 변수로 작용되며, 번영을 위한 조건이다(Gaudiani, 1998).

McMillan 등(1986)은 커뮤니티 의식의 구성요소로 구성원의 소속감, 영향력, 욕구의 충족과 통합, 감정적 유대의 공유를 제안하였으며, Poplin(1979)은 가상커뮤니티 의식의 결정요인으로 소속감, 일체감, 자발적 참여의식을 제안하였다. 커뮤니티 감정은 구성원들로 하여금 커뮤니티 가치나 신념 및 규범에 적응하도록 하는 강력한 힘이 되며(Poplin, 1979), 회원들의 가상커뮤니티에 대한 소속감과 영향력, 몰입도와 같은 가상커뮤니티의식이 가상커뮤니티 가치에 영향을 미친다고 주장하였다(최순화 등, 2000).

본 연구에서는 공유가치를 구성원들이 어떤 행위와 목표, 정책들의 중요성 여부, 적절성 여부, 옳고 그름에 대해 가지는 공통된 믿음의 정도로 정의하였으며, 소속감을 공동관심사를 가지고 집단 생활을 영위하면서 생겨나는 타인들과의 연대의식을 공유하는 감정으로 정의하였다.

다. 모바일 콘텐츠 특성

모바일 사용자의 콘텐츠(content) 특성은 단말기 사용자가 휴대하면서 개인이 처한 정황에 따라 콘텐츠를 사용함으로써 누리는 되는 고유한 특성을 말한다. 모바일 사용자의 콘텐츠 특성 요인으로 개인화서비스(personalized service), 위치기반서비스(location based service), 정황기반서비스(contextual based service)를 선정하였다. 개인화서비스는 Niklas 등(2000), Aschmoneit(2002), Koch 등(2002), Durlacher research(1999, 2001)의 연구를 근거로, 위치기반서비스는 Mueller등 (2001), Aschmoneit(2002), Underberg 등(2001), Durlacher research (1999, 2001)을 근거로, 정황기반서비스는 Mueller등(2001) , Aschmoneit (2002), Koch 등(2002), Durlacher research(1999, 2001) 등의 연구를 근거로 하였다. 이들 변수는 모바일 이동성의 핵심요소로서 국내외 사례 연구를 통해 그 중요성이 입증되었는데, 예를들어, Navigety, Time2Flirt, UPOC 등에서는 개인 정황에 맞춘 위치 활용 서비스가 보편적으로 사용되고 있다.

기존 모바일 커뮤니케이션에 대한 연구가 혁신의 확산 측면에서 기술 혁신에 대한 고객의 태도를 중점적으로 연구했으나, Mueller등 (2001)은 향후 모바일 서비스의 생산측면에서 모바일의 이동성이 가져올 현상을 분석하고 기술 중심의 혁신의 상대적 이점에 대한 연구가 필요하다고 주장하면서, 이동성의 핵심 요소로 위치성(localization), 신원확인(identification), 즉시성(immediacy), 영속적 가용성(permanent availability) 을 제시하였다.

Niklas등(2000)은 모바일 게임을 위한 모바일 단말기의 속성으로 이동성 (mobility), 개인화 (personality), 신뢰성 (reliability)을 제시하고 있으며, Aschmoneit(2002)는 모바일 환경에서 커뮤니티의 새로운 기회를 위한 특성으로 모바일은 유선인터넷과 다른 편재성 (ubiquity), 즉시성 (immediacy), 개인화 (personalization), 위치성 (location awareness) 등 네 가지 특징을 가지고 있다고 주장하였다.

Durlacher research(1999)는 m-commerce의 고유한 속성을 현재 제공되는 서비스와 미래에 제공될 서비스에 관하여 일곱가지(편재성, 접근성, 보안, 편리성, 위치성, 즉시 연결성, 개인화)를 제시하고 있으며, 이어, Durlacher research(2001)는 최종사용자에게 핵심적 가치를 제공하기 위한 서비스의 주요 요소로서 위치기반정보(location-specific

information), 개인화(personalization), 즉시성(immediacy), 서비스 가
용성(service availability)을 제시하고 있다.

Underberg 등(2001)은 무선 커뮤니티 성공의 요소로서 verticality
(목적성), locationality(위치성), temporality(일시성)를 제시하였으며,
위치성은 그들이 사용하고자 하는 물리적 공간에서의 반응성으로 정
의하였다. Koch 등(2002)은 모바일 사용자의 정황성(contextual) 정
보를 사용자의 이동방향과 속도, 날씨 관련 정보로 정의하였다.

본 연구에서 개인화서비스 특성은 해당 단말기를 사용한 개인 고
객이 미리 제공한 정보나 사전 설정한 내용을 바탕으로 얼마나 사용
자 개인의 특성에 맞춘 콘텐츠를 제공하는지를 나타내는 특성으로
정의하였으며, 현재 이동통신사의 모바일 커뮤니티 서비스에서 "나만
의 메뉴", "나의 즐겨찾기" 등 제한적으로 서비스되고 있으며, 향후
모바일 커뮤니티의 중추 역할을 하게 될 특성으로 판단된다. 위치기
반서비스는 서비스와 애플리케이션에 위치 정보를 결합하여 무선 단
말기에 가치를 부여할 수 있는 특성으로 정의하였으며, 기존 PC 중
심 인터넷과 가장 차별화 되는 특성중의 하나로서, 모바일 커뮤니티
의 고유한 특성에 적합하다고 판단된다. 정황기반서비스는 모바일 단
말기의 언제 어디서나(Any time, Any where) 즉시 접속이 가능하
고 집이나 사무실 등 다양한 환경과 정황(Context)에서 사용할 수
있는 특성으로 정의하였다.

2. 매개 변수(Mediating Variables)

전반적인 만족은 시간이 지남에 따라 상품과 서비스의 구매와 소비
경험에 기초한 전반적인 평가를 위한 것이다(Berry, 1995; Dwyer 등,

1987; Anderson 등, 1994). 만족의 결정요인은 제품이 고객의 "원하는 바"에 일치하는 정도로서 여겨지는 지각된 품질 또는 성과이다 (Fornell 등, 1996; Anderson 등, 1994).

Oliver(1993)은 구매경험에 있어서 만족은 하나의 형태로 나타나지 않고, 지속적인 재구매에서 다양하게 나타난다고 정의하였다. 최근 만족에 관련된 연구는 불만족이 집중적으로 연구되고 있으며, 인구통계적 요인과 소비자의 만족 기준에 유의한 상관관계가 있다는 것을 도출해 내고 있다. 또한, 소비자 만족은 구매프로세스에서 구매에 연결을 해주는 중요한 과정으로 간주되고 있다(Oliver, 1993).

본 연구에서 전반적인 만족은 모바일 커뮤니티 서비스와 관련된 만족을 포함하며, 콘텐츠와 서비스에 대한 만족, 기술적 조건과 같은 여러 측면에 대한 만족 정도를 의미한다. 본 연구에서는 전반적인 만족이 재방문의도에 매개효과가 있을 것으로 예상할 수 있다.

3. 종속 변수(Dependent Variables)

재방문의도에 관한 기존 연구는 고객 만족이 방문후 태도에 영향을 미치며 이러한 태도는 계속해서 재방문 의도에 영향을 미친다는 결론을 제시하고 있다(McDougall 등, 2000; Oliver, 1993; Szymanski, 2001; Parasuraman 등, 1996). 커뮤니티에 대한 높은 수준의 만족이 다른 커뮤니티로 재방문에 영향을 미치며, 이러한 태도는 계속해서 재방문의도에 영향을 미친다(Poplin, 1979). IMResearch(1998)는 웹사이트 만족은 웹사이트 태도에 긍정적인 영향을 미치고, 호의적인 웹사이트에 대한 태도는 다시 재방문의도에 영향을 미치는 것으로 확인되었다.

본 연구에서 재방문 의도란 모바일 커뮤니티 이용경험이 있는 사용자가 추가적인 방문 의사를 가지는 상태로 정의하였는데, 모바일 커뮤니티의 성공을 위해 필수적인 요소이다. 단골 고객 또는 충성스러운 사용자가 제공하는 가치는 기업의 성패에 직접적인 영향을 주며, 이는 사용자들이 해당 커뮤니티에 재방문을 하겠다는 의도에 의해 결정된다고 볼 수 있다.

본 연구와 관련된 연구모형은 〈그림 4-1〉과 같다.

〈그림 4-1〉 이론적 연구모형

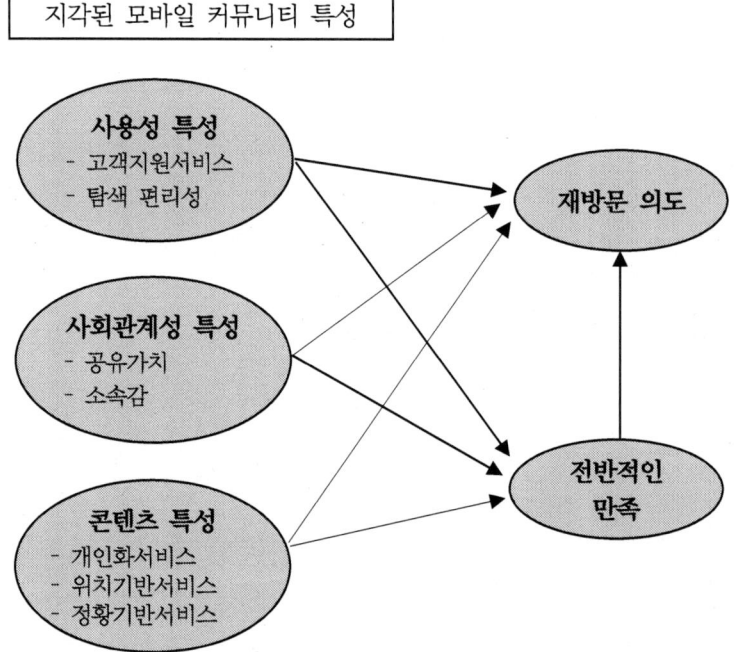

〈표 4-1〉 연구모형 구성개념에 대한 참고문헌

변 수	구성개념	성행 연구	
독립 변수	사용성 특성	고객지원서비스	- Liu등(1997) - Neilsen(1997) - Preece 등(2003) - Schwartz(1999)
		탐색편리성	- Bachiochi 등(1997) - Emma(1998) - Neilsen(1997)
	사회관 계성 특성	공유가치	- Gaudiani(1998) - Heide등(1992) - Morgan 등(1994) - Kim(2000) - Preece(2000)
		소속감	- McMillan 등(1986) - Poplin(1979) -최순화 등(2000)
	콘텐츠 특성	개인화서비스	- Aschmoneit(2002) - Durlacher (1999, 2001) - Niklas 등(2000) - Koch 등(2002)
		위치기반서비스	- Aschmoneit(2002) - Durlacher(1999, 2001) - Mueller등(2001) - Underberg 등(2001)
		정황기반서비스	- Aschmoneit(2002) - Durlacher(1999, 2001) - Koch 등(2002) - Mueller 등(2001)
매개 변수	전반적인 만족		- Anderson 등(1994) - Berry(1995) - Dwyer 등(1987) - Fornell 등(1996) - Oliver(1993)
종속 변수	재방문 의도		- IMResearch(1998) - McDougall 등(2000) - Oliver(1993) - Parasuraman 등(1996) - Poplin(1979) - Szymanski(2001)

제 2 절 가설의 설정

1. 커뮤니티 특성들과 전반적인 만족

전반적인 만족은 시간이 지남에 따라 상품과 서비스의 구매와 소비경험에 기초한 전반적인 평가를 위한 것이다(Anderson 등, 1994; Berry, 1995; Dwyer 등, 1987). Oliver(1993)은 구매경험에 있어서 만족은 하나의 형태로 나타나지 않고, 지속적인 재구매에서 다양하게 나타난다고 정의하였다. 본 연구에서 전반적인 만족은 모바일 커뮤니티 서비스와 관련된 만족을 포함하며, 콘텐츠와 서비스에 대한 만족, 기술적 조건과 같은 여러 측면에 대한 만족 정도를 의미한다. 따라서, 모바일 커뮤니티를 이용하는 사용자들에게 커뮤니티 특성은 전반적인 만족에 영향을 줄 것으로 예상되며 이를 바탕으로 다음과 같은 가설을 설정하였다.

가설 1 : 모바일 커뮤니티 특성은 전반적인 만족에 유의한 영향을 미칠 것이다.
[가설 1-1] 모바일커뮤니티에서 고객지원서비스는 전반적인 만족에 유의한 영향을 미칠 것이다.
[가설 1-2] 모바일커뮤니티에서 탐색편리성은 전반적인 만족에 유의한 영향을 미칠 것이다.
[가설 1-3] 모바일커뮤니티에서 공유가치는 전반적인 만족에 유의한 영향을 미칠 것이다.
[가설 1-4] 모바일커뮤니티에서 소속감은 전반적인 만족에 유의한

영향을 미칠 것이다.

[가설 1-5] 모바일커뮤니티에서 개인화서비스는 전반적인 만족에
유의한 영향을 미칠 것이다.

[가설 1-6] 모바일커뮤니티에서 위치기반서비스는 전반적인 만족
에 유의한 영향을 미칠 것이다.

[가설 1-7] 모바일커뮤니티에서 정황기반서비스는 전반적인 만족
에 유의한 영향을 미칠 것이다.

2. 커뮤니티 특성들과 재방문 의도

재방문의도에 관한 기존 연구는 고객 만족이 방문후 태도에 영향을
미치며 이러한 태도는 계속해서 재방문 의도에 영향을 미친다는 결론
을 제시하고 있다(McDougall등, 2000; Oliver, 1993; Parasuraman 등,
1996; Szymanski, 2001). 커뮤니티에 대한 높은 수준의 만족이 다른
커뮤니티로 재방문에 영향을 미치며, 이러한 태도는 계속해서 재방문
의도에 영향을 미친다(Poplin, 1979).

본 연구에서 재방문 의도란 모바일 커뮤니티 이용경험이 있는 사용
자가 추가적인 방문 의사를 가지는 상태로 정의하였다. 따라서, 모바일
커뮤니티를 이용하는 사용자들에게 커뮤니티 특성은 재방문의도에 영향
을 줄 것으로 예상되며 이를 바탕으로 다음과 같은 가설을 설정하였다.

가설 2 : 모바일 커뮤니티 특성은 재방문 의도에 유의한 영향을
미칠 것이다.

[가설 2-1] 모바일커뮤니티에서 고객지원서비스는 재방문의도에
유의한 영향을 미칠 것이다.

[가설 2-2] 모바일커뮤니티에서 탐색편리성은 재방문의도에 유의
한 영향을 미칠 것이다.

[가설 2-3] 모바일커뮤니티에서 공유가치는 재방문의도에 유의한
영향을 미칠 것이다.

[가설 2-4] 모바일커뮤니티에서 소속감은 재방문의도에 유의한 영
향을 미칠 것이다.

[가설 2-5] 모바일커뮤니티에서 개인화서비스는 재방문의도에 유
의한 영향을 미칠 것이다.

[가설 2-6] 모바일커뮤니티에서 위치기반서비스는 재방문의도에
유의한 영향을 미칠 것이다.

[가설 2-7] 모바일커뮤니티에서 정황기반서비스는 재방문의도에
유의한 영향을 미칠 것이다.

3. 전반적인 만족과 재방문 의도

재방문의도에 관한 기존 연구는 고객 만족이 방문후 태도에 영향을
미치며 이러한 태도는 계속해서 재방문 의도에 영향을 미친다는 결론
을 제시하고 있다(McDougall등, 2000; Oliver, 1993; Parasuraman 등,
1996; Szymanski, 2001). 이들의 주장과 연구결과를 볼 때 모바일 커뮤
니티 사용자에게 제공하는 커뮤니티 특성에 대한 전반적인 만족이 재
방문의도에 긍정적으로 영향을 미친다고 볼 수 있다. 따라서 본 연구는
이러한 선행연구들을 근거로 하여 다음과 같은 가설들을 설정하였다.

가설 3 : 모바일커뮤니티에서 전반적인 만족은 재방문 의도에 유
의한 영향을 미칠 것이다.

따라서, 모바일 커뮤니티 사용자의 지각된 특성, 즉 사용성 특성, 사회관계성 특성, 콘텐츠 특성이 재방문 의도에 미치는 영향에 대해 살펴보고, 모바일 커뮤니티 사용자의 지각된 특성과 재방문의도 사이에 전반적인 만족이 어떠한 영향을 미치는 가를 알아보기 위한 연구가설은 〈그림 4-2〉와 같다.

〈그림 4-2〉 이론적 연구모형

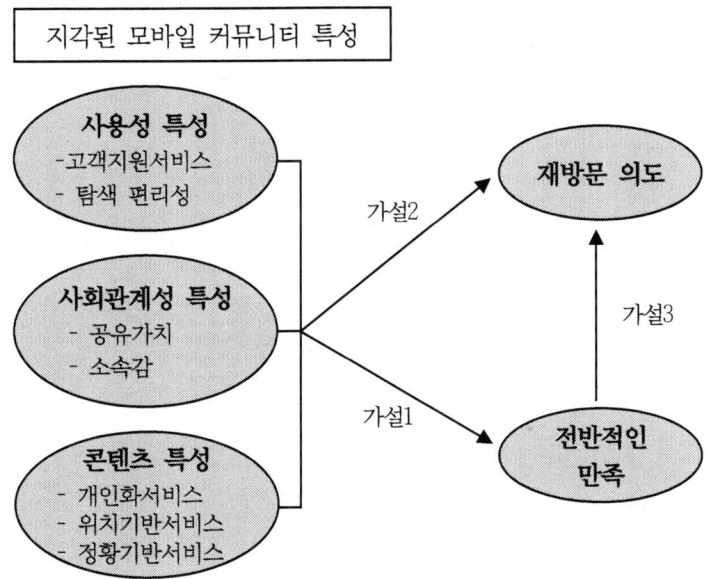

제 3 절 변수의 조작적 정의

본 연구에서 사용, 측정된 구성개념들은 기존 선행연구에서 신뢰성
과 타당성이 입증된 측정항목을 사용하는 것을 원칙으로 하였다. 다
만, 본 연구가 모바일 커뮤니티 특성, 전반적인 만족, 재방문의도를
다루기 때문에 필요에 따라 항목을 조정하거나 추가 항목을 개발하
여 사용하였다. 변수들의 조작화는 앞 절에서 언급한 선행연구를 기
반으로 각 독립변수, 매개변수, 종속변수에 대한 조작적 정의를 정리
하면 다음과 같다.

1. 독립변수

모바일 커뮤니티의 특성 항목들은 전자상거래, 커뮤니티, 모바일에
서 연구되어진 요인 등으로 잠재적으로 9개의 변수를 추출하였다. 설
문지상의 질문 항목 등을 토대로 그 평가 영역별 내용의 세부사항을
살펴보면 다음과 같다.

가. 사용성 특성

지각된 커뮤니티의 사용성(usability) 특성이란 인간 컴퓨터 상호작
용(human-computer interaction)을 통해 누리게 되는 고유한 특성을
의미한다. 사용성 특성에는 고객지원서비스(customer support service),
탐색편리성(navigation)을 선정하였다. 고객지원서비스는 고객의 질문
에 답하는 기능, 제품 및 서비스 지원을 원하는 고객에게 필요한 양식

을 보내주거나 그밖의 필요한 도움을 제공하는 기능을 말하며, 탐색 편리성은 사용자가 원하는 정보를 최소한의 클릭으로 찾아낼 수 있는 것을 의미한다.

본 연구에서 모바일 커뮤니티 사용성 특성을 측정할 항목중 "모바일 커뮤니티 회원에 대한 서비스 지원 정도"는 Chae등(2001), Preece(2003)를 근거로, "모바일 커뮤니티 정보 탐색의 편리성 정도"는 문남미 등(2000), Preece(2003)의 설문을 근거로 항목에 대하여 느끼는 정도를 5점 척도로 평가하게 함으로써 측정하였다.

나. 사회관계성 특성

지각된 커뮤니티의 사회관계성(sociability) 특성은 사용자가 커뮤니티의 사회적 상호작용을 통해 누리게 되는 고유한 특성을 말하며, 커뮤니티 사회관계성 변수는 공유가치(shared value), 소속감(membership)을 선정하였다. 공유가치는 구성원들이 어떤 행위와 목표, 정책들의 중요성 여부, 적절성 여부, 옳고 그름에 대해 가지는 공통된 믿음의 정도를 말하며, 소속감을 공동관심사를 가지고 집단 생활을 영위하면서 생겨나는 타인들과의 연대의식을 공유하는 감정으로 정의하였다.

본 연구에서 모바일 커뮤니티 사회관계성 특성을 측정할 항목중 "모바일 커뮤니티 구성원의 공유 가치 정도"는 Preece등(2002), Preece(2003), Farrior등(1999)을 근거로, "모바일 커뮤니티 구성원의 소속감 정도"는 Preece등(2002), Preece(2003), 최순화(2000)의 설문을 근거로 항목에 대하여 느끼는 정도를 5점 척도로 평가하게 함으로써 측정하였다.

다. 콘텐츠 특성

지작된 모바일의 콘텐츠(content) 특성은 단말기 사용자가 휴대하면
서 개인이 처한 정황에 따라 콘텐츠를 사용함으로써 누리는 되는 고유
한 특성을 말한다. 지각된 모바일의 콘텐츠 특성 요인으로 개인화서비
스(personalized service), 위치기반서비스(location based service), 정황
기반서비스(contextual based service)를 선정하였다. 개인화서비스는
해당 단말기를 사용한 개인 고객이 미리 제공한 정보나 사전 설정한
내용을 바탕으로 얼마나 사용자 개인의 특성에 맞춘 콘텐츠를 제공하
는지를 말하며, 위치기반서비스는 서비스와 애플리케이션에 위치 정보
를 결합하여 무선 단말기에 가치를 부여할 수 있는 특성으로 정의하였
으며, 정황기반서비스는 모바일 단말기의 언제 어디서나(Any time,
Any where) 즉시 접속이 가능하고 집이나 사무실 등 다양한 환경과
정황(Context)에서 사용할 수 있는 특성으로 정의하였다.

본 연구에서 모바일 커뮤니티 콘텐츠 특성을 측정할 항목중 "모바일
커뮤니티의 사용자의 개인화된 서비스 제공 정도"는 Durlacher(1999,
2001)를 근거로, "모바일 커뮤니티의 사용자의 위치기반 서비스 제공
정도"는 Durlacher(1999, 2001)를, "모바일 커뮤니티 사용자의 정황기
반 서비스 제공 정도"는 Durlacher(1999, 2001), Chae등(2001)을 근거
로 항목에 대하여 느끼는 정도를 5점 척도로 평가하게 함으로써 측정
하였다.

2. 매개변수

전반적인 만족은 시간이 지남에 따라 상품과 서비스의 구매와 소비
경험에 기초한 전반적인 평가를 위한 것이다(Anderson 등, 1994;

Berry, 1995; Dwyer 등, 1987). Oliver(1993)은 구매경험에 있어서 만족은 하나의 형태로 나타나지 않고, 지속적인 재구매에서 다양하게 나타난다고 정의하였다. 본 연구에서는 모바일 커뮤니티의 전반적인 만족에 대한 측정은 Oliver등(1993)이 사용한 전반적인 만족도 지표를 사용하였으며, 다른 커뮤니티와 비교하여 상대적 만족을 추가로 구성하였다.

① 모바일 커뮤니티에 대하여 느끼는 만족도

② 다른 모바일 커뮤니티와 비교시 상대적인 만족도

의 항목에 대하여 느끼는 정도를 5점 척도로 평가하게 함으로써 측정하였다.

3. 종속변수

1회 이상 방문 경험이 있는 사용자가 추가적인 방문 의사를 가지는 상태를 말하며, 모바일 커뮤니티의 성공을 위해 필수적인 요소이다. 단골 고객 또는 충성스러운 사용자가 제공하는 가치는 기업의 성패에 직접적인 영향을 주며 이는 사용자들이 해당 커뮤니티에 재방문을 하겠다는 의도에 의해 결정된다고 볼 수 있다. 종속변수인 재방문의도를 측정하기 위해 "모바일 커뮤니티의 재방문 및 우선적인 방문 여부"는 Oliver(1993), Garbarino등(1999), Zeithaml등(1996)을 근거로, "모바일 커뮤니티의 타인 권유 및 추천"은 Oliver(1993)의 설문을 근거로 항목에 대하여 느끼는 정도를 5점 척도로 평가하게 함으로써 측정하였다.

이러한 연구를 바탕으로 연구 변수의 조작적 정의를 정리하면 다음과 같다.

〈표 4-2〉 변수의 조작적 정의

변 수			구성개념	정 의
독립변수	사용성특성	고객지원서비스	회원간 대화와 지원서비스	대화와 사회적 지원의 학습정도
		탐색편리성	정보 항해의 편리성	정보 탐색의 학습 정도
	사회관계성특성	소속감	참여정도, 안도감, 소속감	회원가 대화정도, 소모임 참여정도
		공유가치	경험, 관심사 공유	경험·가치관 공유, 동료의식 정도
	콘텐츠특성	개인화서비스	개인화된 서비스	개인 기호에 맞는 서비스제공
		위치기반서비스	위치기반 서비스	위치를 반영한 서비스 제공
		정황기반서비스	접속·연결성	다양한 환경에서 접속, 연결 정도
매개변수		전반적인만족	만족, 상대적인 만족	만족, 비교시 상대적 만족
종속변수		재방문의도	재방문, 상대적 재방문	재방문 의도, 비교시 상대적 재방문 의도

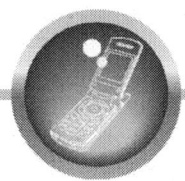

제 5 장

실증 분석

본 장에서는 설문조사를 통해 얻어낸 자료를 통계패키지를 이용하여 제4장에서 설정한 가설을 검증함으로써 연구모형의 적합성을 논의하고자 한다.

제1절 표본의 추출 및 자료의 수집

1. 설문의 구성

설문은 총 11 부분으로 구성되어 있다. 설문 항목은 고객지원서비스(4문항), 탐색편리성(4문항), 공유가치(4문항), 소속감(4문항), 개인화서비스(4문항), 위치기반서비스(4문항), 정황기반서비스(4문항), 전반적인 만족(2문항), 재방문의도(3문항), 이용환경(4문항), 인구통계적 요인 (5문항)으로 구성하였다.

각 설문항목은 연구자의 의도가 드러나지 않도록 무작위로 배열하였으며, 각 설문항목은 인구통계적 요인과 이용환경을 제외하고 "전혀 그렇지 않다"를 1점으로, "매우 그렇다"를 5점으로 표시하는 리커트 (Likert)의 5점 척도를 사용하였다. 설문지의 구성은 〈표 5-1〉과 같다.

〈표 5-1〉 설문지의 구성

변수명		문항번호	문항수
사용성 특성	고객지원서비스	I-2, 4, 6, 8	4
	탐색편리성	I-1, 3, 5, 7	4
사회관계성 특성	공유가치	II-2, 5, 6, 7	4
	소속감	II-1, 3, 4, 8	4

변수명		문항번호	문항수
콘텐츠 특성	개인화서비스	III-1,3, 6, 9	4
	위치기반서비스	III-2,5,8, 11	4
	정황기반서비스	III-4,7,10, 12	4
전반적인 만족		IV-1, 2	2
재방문 의도		V- 1,2,3	3
이용 환경		VI-6, 7, 8, 9	4
인구통계적 요인		VI-1, 2, 3, 4, 5	5

2. 설문조사 및 자료분석 방법

설문의 무작위성을 위하여 설문의 배포는 특정 연령대나 특정 대상에 치우치지 않도록 하였으며 다음의 세가지 방법을 사용하였다. 설문은 2004월 3월 1일~ 5월 6일까지 사이에 실시하였다.

첫째, 본 연구의 대상이 모바일 커뮤니티 사용자이므로 1차로 인터넷을 통해 설문을 배포하였는데, 대학교, 사설학원, 모바일 커뮤니티 관련업체 이용자 게시판에서 전자우편 주소를 수집하여 전자우편으로 설문을 배포하는 방식을 선택했다. 또한, 국내 IT관련 영업맨 2천여명을 대상으로 팩스로 설문지를 보낸 후, 문자메시지를 보내 응답률을 높이는 방법으로 설문을 수거하였다.

둘째, 낮은 설문지의 회수율과 응답률을 극복하고 편중된 결과를 방지하기 위하여, 모바일 커뮤니티 업체를 방문하여 해당 직원을 대상으로 설문을 하거나, 모바일 커뮤니티 관계자가 참여하는 세미나나 간담회 참석 조사, 이통통신업체를 방문하여 현장 조사 등을 통해 직접 설문을 수거하였다.

셋째, 설문 분석과정에서 모바일 커뮤니티 주요 고객층이 20대의 젊은 여대생이라는 것을 파악하였다. 따라서, 서울의 주요 대학(특히, 서울 주요 여대 등)과 학원을 중심으로 관련 전공 대학생을 현장에 파견하여 직접 설문을 배포하고 수거하는 방식을 채택하였다.

이상의 방법으로 전자우편과 팩스를 통하여 4,000부를 발송하여 547부가 회수되었으며, 기업 및 학교 등에 직접 배포한 설문지 1,200부중 853부가 회수되었으나 부실한 응답을 한 설문을 제외하고 655부를 분석대상으로 하였다.

수집된 자료의 분석은 SPSS 10.0 for Windows, LISREL 8.0 for Windows를 이용하였다.

3. 표본의 구성

여기서는 표본을 크게 인구통계적 측면과 무선인터넷 이용환경 및 무선인터넷 구매 실태측면에서 표본들을 분류해 보았다.

가. 인구통계적 분석

설문 응답자를 인구통계적 변수(demographic variables) 즉, 성별, 연령별, 학력별로 분류한 결과는 다음과 같다.

① 성별 분포

회수된 설문 응답자의 남녀 구성을 보면 〈표 5-2〉와 같이 여자가 326명, 남자가 244명으로 여자의 비율이 월등히 높은 것으로 나타났다. 이러한 성별 분포는 한국인터넷정보센터의 "2003년 무선인터넷 이용자 실태조사"(2003. 9) 의 남성의 무선인터넷 이용률 34.1%, 여성의 무선인터넷 이용률 38.9%로 남성보다 여성의 무선인터넷 이용률이 4.8%p 높은 조사 결과와 거의 유사한 결과를 보여주며, 모바일 커뮤니티의 실제 사용자가 여성이 많은 점과 일치한다.

〈표 5-2〉 성별 분포

	남 성	여 성	합 계
빈 도	280	375	655
비 율	43%	57%	100%

② 연령별 분포

설문 응답자의 연령별 분포는 20대 416명(64%)가 가장 많았으며, 10대 208명(32%), 30대 28명(4%), 40대 3명(0.5%) 등의 순으로 나타났다〈표 5-3〉. 이러한 연령별 분포는 커뮤니티 이용자들이 대부분이 젊고 새로운 아이디어에 관심이 높은 혁신층이거나 조기수용자일 가능성이 높다는 사실을 반증해 주고 있다. 이는 한국인터넷정보센터의 "2003년 무선인터넷 이용자 실태조사"(2003. 9)에서는 12~19세의 무선인터넷 이용률이 83.5%로 가장 높고, 연령층이 높아질수록 무선인터넷 이용률은 낮아진다는 조사와 유사한 결과이다.

〈표 5-3〉 연령별 분포

연 령	표본 구성	비 율
10대	208명	23%
20대	416명	64%
30대	28명	4%
40대	3명	0.5%
합 계	655명	100%

③ 학력별 분포

학력별 분포를 보면 대학재학생이 48%, 고졸이하 29%, 대졸 16%로 나타났다. 이를 정리하면 〈표 5-4〉와 같다.

〈표 5-4〉 학력별 분포

학력별	표본 구성	비 율
고졸이하	193명	29%
대학 재학중	313명	48%
대 졸	105명	16%
대학원 재학중	39명	6%
대학원졸 이상	5명	1%
합 계	655명	100%

나. 무선인터넷 이용환경 분석

무선인터넷에서 이용자의 전반적인 이용환경 분석을 위해 접속횟수, 이용시간, 등을 측정한 결과는 다음과 같다

① 무선인터넷 접속횟수

무선인터넷 접속 빈도는 〈표 5-5〉와 같이 무선인터넷 이용자의 18%는 무선인터넷을 "1주일에 1~2회" 이용하고 있으며, "거의 매일" 이용하고 있는 무선인터넷 이용자도 12%에 달하고 있다. 이는 "한달 1회 미만 이용자"가 "거의 매일 접속하는 사람"에 비해 2배에 달하고 있어, 아직까지 무선인터넷 서비스가 일반인에게 보편화되어 있지 않다는 것을 보여주고 있다.

〈표 5-5〉 무선인터넷 접속횟수

접속횟수	표본구성	비 율
거의 매일	80명	12%
1주일 3~4회	88명	14%
1주일 1~2회	120명	18%
한달에 3~4회	75명	11%
한달에 1~2회	140명	21%
한달 1회 미만	152명	23%
합 계	655명	100%

② 무선인터넷 하루 평균 이용시간

이용자들의 무선인터넷 하루 평균 이용시간의 분포를 보면 10분 미만이 53%였으며, 10~30분미만 18%, 90분이상 13%, 30~60분미만 10%, 60~90분미만이6%로 나타났다. 또한 무선인터넷 1회 접속시 평균 이용시간은 5분미만이 35%로 가장 많았으며, 5~10분 미만 30%, 10~20분 미만 20%, 30분이상 9%, 20~30분미만 6%로 나타났다. 이는 이용자들의 무선인터넷 하루 평균 이용시간이 10분 미만이며, 1회 접속시 5분 미만이라는 것을 보여주고 있다.

제 2 절 신뢰도 분석과 타당성 검증

본 절에서는 구체적인 자료 분석에 들어가기 전에 측정 항목들의 신뢰도와 타당성을 평가하였다. 즉 변수들의 다 항목 척도간의 신뢰성 분석(Reliability Analysis)을 Cronbach Alpha 계수에 의해, 측정

항목의 선별과 정교화를 위한 타당성 분석(Validity Analysis)을 실시하였다.

1. 신뢰성 분석 (Reliability Analysis)

신뢰성(reliability)이란 동일한 개념에 대해 측정을 반복했을 때 동일한 측정값을 얻을 가능성을 말하는 것으로, 안정성(stability), 일관성(consistency), 예측가능성 (predictability), 정확성(accuracy), 독립성(independability) 등으로 표현되기도 한다.

다항목으로 측정된 변수들의 신뢰성 검증에는 변수들의 내적 일관성(internal consistency)을 많이 사용한다. 본 연구에서는 각 요인별 항목들의 내적 일관성을 측정하기 위해서 Cronbach Alpha 계수를 사용하였다. Cronbach Alpha는 동일한 개념을 측정하기 위해 여러 개의 항목을 이용하는 경우 신뢰도를 저해하는 항목을 찾아내어 측정도구에서 제외시킴으로써 측정 도구의 신뢰도를 높이기 위해서 사용되는 계수이다. 일반적으로 사회과학 분야에서 Cronbach α의 값이 0.6 이상이면 측정도구의 신뢰성에는 큰 문제가 없다고 보고 있다(Peter,1981).

〈표 5-6〉와 같이 본 연구가 이 분야에서 거의 처음으로 이루어진 실험적인 연구이며, 표본의 선정에 있어서 모집단을 제대로 대표하기 어려웠던 점에도 불구하고, 신뢰도 계수가 0.6를 넘고 있으므로 변수로 받아들이는데는 큰 무리가 없을 것으로 판단된다.

〈표 5-6〉 변수의 신뢰성 분석

구분 항목	항목수	Cronbach Alpha(a)
고객지원서비스	4	0.658
탐색편리성	4	0.697
공유가치	4	0.604
소속감	4	0.625
개인화서비스	4	0.712
위치기반서비스	4	0.619
정황기반서비스	4	0.659
전반적인 만족	2	0.789
재방문의도	3	0.777

2. 타당성 검증

사회과학 연구에서 일반적으로 사용하고 있는 개념 타당성을 검증하고자 요인분석을 실시하였다. 타당성을 검증하기 통계적인 방법으로는 요인분석(factor analysis)가 사용되고 있으며, 요인분석을 하기 위해 표본수가 항목수의 4~5배 이상이 되어야 한다(Peter, 1981)는 조건을 본 연구가 충족하고 있기 때문에 요인분석을 통한 타당성 검증을 실시하였다.

요인의 추출에 있어서는 구해진 자료의 손실을 최소화하면서 요인의 수를 적절히 줄이기 위해 주성분분석(principal component analysis) 방식을 사용하였고, 요인의 회전으로는 직각회전방식(varimax rotation)을 활용하여 요인의 해석을 용이하게 하고자 하였다. 〈표 5-7〉, 〈표 5-8〉은 요인분석을 실시한 결과이다.

이 방법에 의해 28개의 독립변수가 7개의 요인으로 묶여졌음을 알

수 있다. 매개변수의 경우 2개 항목들이 1개 요인으로, 종속변수의
경우 3개의 항목들이 1개의 요인으로 구분되었다. 각 요인에 속한 변
수의 공통점을 찾아 변수의 요인명을 고객지원서비스, 탐색편리성,
공유가치, 소속감, 개인화서비스, 위치기반서비스, 정황기반서비스, 전
반적인 만족, 재방문 의도 등으로 구분하였다. 분석에 사용한 항목
모두가 요인적재량(factor loading)이 해당요인에 대하여 0.5수준으로
나타났는데, 이는 본 연구가 이 분야에서 거의 처음으로 이루어진 실
험적인 연구이며, 표본의 선정에 있어서 모집단을 제대로 대표하기
어려웠기 때문인 것으로 판단된다. 대부분의 요인 적재량이 0.5를 넘
고 있으므로 받아들이는데는 큰 무리가 없을 것으로 판단된다.

〈표 5-7〉 요인분석(독립 변수)

설문문항	고객지원 서비스	탐색 관리성	공유가치	소속감	개인화 서비스	위치기반 기반	정황기반 서비스
I-1	.473						
I-3	.501						
I-5	.540						
I-7	.494						
I-2		.612					
I-4		.604					
I-6		.561					
I-8		.590					
II-2			500				
II-5			499				
II-6			564				
II-7			526				
II-1				.525			
II-3				.499			
II-4				.503			
II-8				.511			

설문문항	고객지원 서비스	탐색 관리성	공유가치	소속감	개인화 서비스	위치기반 기반	정황기반 서비스
Ⅲ-1					.553		
Ⅲ-3					.625		
Ⅲ-6					.550		
Ⅲ-9					.611		
Ⅲ-2						.601	
Ⅲ-5						.599	
Ⅲ-8						.533	
Ⅲ-11						.587	
Ⅲ-4							.456
Ⅲ-7							.472
Ⅲ-10							.502
Ⅲ-12							.498

〈표 5-8〉 요인분석(매개, 종속 변수)

설문문항	전반적인 만족	재방문 의도
Ⅳ-2	.688	
Ⅳ-2	.707	
Ⅴ-1		.691
Ⅴ-2		.673
Ⅴ-3		.620

3. 상관관계 분석

상관관계 분석은 연구하고자 하는 변수들간의 관련성을 분석하기 위한 기법으로, 한 변수가 다른 변수와 관련성이 있는지 알고자 할 때 이용한다. 〈표 5-9〉같이 각 변수들의 상관관계를 분석한 결과 대체적으로 독립변수와 매개변수 및 종속변수가 1% 이내의 유의수준 하에서 양의 관계를 맺고 있으며, 독립변수들간의 관계도 유의한 것으로 보이나, 일부 변수들간의 공산성이 발생하고 있다.

하지만, Garbarino(1999)는 소비자 분야의 관계마케팅에 대한 검증이 시작된지 얼마 안되기 때문에, 다양한 관계변수 사이에 높은 상관관계가 존재한다 (Morgan등, 1994)고 제시한 바 있으며, Rust 등 (1995)은 고객의 전반적인 만족이나 서비스 품질을 연구할 때에도 이들 변수들이 상관성(interchangeable)이 있기 때문에 다중공산성과 변수간 간섭(halo effect)은 문제가 되지 않는다고 주장한 바 있다. 따라서, 본 연구에서 변수들간의 상관관계도 모바일 분야의 초기 연구임을 감안할 때 일반화될 수 있을 것으로 판단된다.

<표 5-9> 상관관계 분석

변 수	고객 지원	탐색 편리성	공유 가치	소속감	개인화 서비스	위치 기반	정황 기반	전반적 인만족	재구매 의도
고객지원 서비스	1.00								
탐색 편리성	0.221**	1.00							
공유가치	0.016	0.022	1.00						
소속감	0.033	0.010	0.111*	1.00					
개인화 서비스	0.503**	0.323**	0.244**	0.357**	1.00				
위치기반 서비스	0.401**	0.299**	0.336**	0.200**	0.020	100			
정황기반 서비스	0.557**	0.601**	0.334**	0.508**	0.474**	0.005	1.00		
전반적인 만족	0.332**	0.110*	0.256**	0.406**	0.511**	0.140*	0.075	1.00	
재구매 의도	0.319**	0.009	0.196*	0.055	0.288**	0.037	0.201**	0.038	1.00

* 상관계수가 0.05 수준에서 유의 (p<0.05)
** 상관계수가 0.01 수준에서 유의 (p<0.01)

제 3 절 가설 검증

1. 모형 적합도 분석

본 연구에서는 모바일 커뮤니티를 이용하는 과정에서 사용자들에게 제공되는 커뮤니티 특성들과 이러한 요인을 이용했을 때 얻게 되는 전반적인 만족, 재방문의도간의 인과관계를 분석하기 위해 구조방정식 모델을 사용하여 분석하였다. 구조방정식 모델은 여러가지 복합적인 인과관계를 동시에 관찰할 수 있다는 측면에서 매우 유용한 가설검증도구로 사용되고 있다.

본 연구에서는 공분산 구조 분석을 실시해 모형의 적합도를 확인하고, 모형상의 모수들을 동시에 추정하였다. 모수추정법은 최대우도법(maximum likelihood method)을 이용한 연구모형의 적합도 지수는 〈표 5-10〉과 같다.

우선 카이제곱 통계량과 유의 확률인 P값(0.0505)(P〉0.05)이 제시되었다. 카이제곱 값이 711.419이며, 자유도는 218로 나타났다. 카이제곱은 검정 통계량이기 보다는 모형이 자료에 의해서 의지되는 정도를 나타내는 하나의 측도로서 유용하게 사용될 수 있는데, 이 경우 카이제곱 값은 일반적으로 자유도를 기준으로 평가되는데, 자유도에 비해서 지나치게 큰 카이제곱 값은 적합도의 증가를 위해 모형을 전체적으로 수정하거나 모형에 더 많은 모수를 추가하여 모형에서의 제약을 완화해야 함을 뜻한다(김기영 등, 2001)

전반적인 적합도의 척도인 GFI(모형적합도 지수)는 0.889이고, AGFI(모형적합도 수정지수)는 0.813이다. GFI는 구성한 모델이 표본

144

공분산 행렬(혹은 표본 상관행렬)을 설명하는 비율을 나타내는 지표
로, 카이제곱 통계량과 달리 GFI는 표본 크기에 독립적이다. 전통적인
기준으로 0.90을 적용하는 것이 관행이라고 볼 수 있다(조현철, 1999)
  RMR(평균잔차 제곱근)값의 경우 0.1001의 값을 보이고 있다.
RMR은 GFI와 반대로 모델이 설명할 수 없는 표본공분산 행렬의 잔
량을 한 셀(cell)당 평균으로 나타낸 지표이므로 작을수록 좋은데, 특
히 이 척도는 관측변수를 표준화시킨 경우, 즉 상관행렬로 분석하는
경우에는 0.1보다 작으면 적합도가 양호한 것으로 판단된다. 그외,
NFI, CFI, IFI는 각각 0.831, 0.864 , 0.819으로 일반적인 기준에 비해
양호한 것으로 볼 수 있다.
  이는 본 연구에서 사용한 연구변수들이 실험적으로 채택되었고, 또
한, 국내 모바일 커뮤니티 서비스가 미팅·채팅 중심으로 운영되고
있어, 사용자들이 원하는 본격적인 커뮤니티형 서비스인 동호회·클
럽 등이 활성화되어 있지 못한 시장 상황에 기인한 것으로 판단된다.

〈표 5-10〉 연구모형의 적합도 지수

적합도 지수	정 의	권고 기준	연구모델
표본의 수	-	150-200 혹은 미지수 수의 5-10배	655
χ^2	전반적 적합도	카이제곱값은 작고 동시에 자유도에 근접할수록 좋음	$\chi^2 = 711.419$ (자유도=218)
P value	카이제곱의 유의수준	0.05 이상	0.0505
평균잔차제곱근(RMR)	재생산공분산과 분석공분산 자료와의 차이	0.1 이하	0.1001
모형적합도지수(GFI)	실제자료와 비교한 예측자료의 제곱잔차	0.90 이상	0.889

적합도 지수	정 의	권고 기준	연구모델
모형적합도 수정지수 (AGFI)	자유도에 따라 GFI를 수정한 지표	0.90 이상	0.813
표준적합지수 (NFI)	영모델과 제안모델간 차이를 표준화한 상대적 적합도	0.90 이상	0.831
CFI(비교 적합도지수)	영모델과 제안모델간 차이	0.90 이상	0.864

2. 경로분석을 통한 가설 검증

가설검증을 위한 모형의 추정 결과에 따른 가설의 채택 및 기각은 가설채택여부를 나타내는 기각비(C.R : critical ratio)값을 기준으로 결정하였다. 기각비는 인과계수를 표준오차로 나눈 것으로 95% 유의수준에서 1.96보다 크면 유의하고, 99% 유의수준에서 1.65보다 크면 유의하다고 본다. 모형상 모수들에 대한 리즈렐의 추정 결과 및 가설 검증 결과를 정리하면 〈표 5-11〉과 같다.

〈표 5-11〉 추정 결과 및 가설 검증

가설	가설 경로	추정치	표준오차	C.R.	채택여부	유의수준
가설1	고객지원서비스 → 전반적인만족	0.150	0.124	2.112	채택	0.05
	탐색편리성 → 전반적인 만족	0.241	0.159	3.119	채택	0.05
	공유가치 → 전반적인 만족	0.272	0.144	-	기각	N.S
	소속감 → 전반적인 만족	0.154	0.111	1.990	채택	0.05
	개인화서비스 → 전반적인 만족	0.324	0.133	2.201	채택	0.05
	위치기반서비스 → 전반적인 만족	0.113	0.115	2.001	채택	0.05
	정황기반서비스 → 전반적인 만족	0.266	0.176	-	기각	N.S

가설	가설 경로	추정치	표준오차	C.R.	채택여부	유의수준
가설2	고객지원서비스 → 재방문 의도	0.099	0.124	2.992	채택	0.05
	탐색편리성 → 재방문 의도	0.231	0.198	-	기각	N.S
	공유가치 → 재방문 의도	0.222	0.306	-	기각	N.S
	소속감 → 재방문 의도	0.050	0.199	1.770	채택	0.01
	개인화서비스 → 재방문 의도	0.158	0.186	3.220	채택	0.05
	위치기반서비스 → 재방문 의도	0.174	0.135	2.970	채택	0.05
	정황기반서비스 → 재방문 의도	0.127	0.133	-	기각	N.S
가설3	전반적인만족 → 재방문 의도	0.089	0.110	1.952	채택	0.01

주) N.S : Non Significant

〈그림 5-1〉 연구모형 경로계수

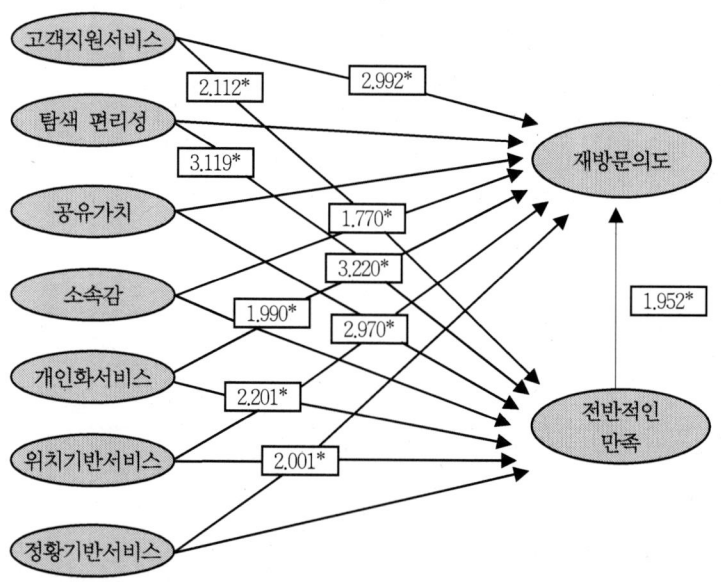

주1) ▯ : C.R.(Critical Ratio)
주2) * :0.05에서 유의함. **:0.01에서 유의함

이상의 결과를 바탕으로 연구 가설에 대한 채택 여부를 실시하면 다음과 같다.

연구 가설 1 : 모바일 커뮤니티 특성은 전반적인 만족에 유의한 영향을 미칠 것이다.

모바일 커뮤니티 특성(고객지원서비스, 탐색편리성, 공유가치, 소속감, 개인화서비스, 위치기반서비스, 정황기반서비스)과 전반적인 만족 간의 유의한 관계를 가정한 가설 1의 경우에는 고객지원서비스, 소속감, 탐색편리성, 개인화서비스, 위치기반서비스 등이 전반적인 만족에 대해 유의한 관계를 나타냈다. 즉, C.R.이 1.96보다 크기 때문에 유의수준 5% 내에서 유의하다고 볼 수 있다. 그러나, 공유가치, 정황기반서비스는 유의적인 관계를 나타내고 있지 않음으로 가설을 기각한다.

모바일 커뮤니티의 고객지원서비스와 탐색편리성은 유연성있는 맨-머신 인터페이스의 핵심이며, 사용자에게 적합한 서비스와 상품을 찾아가는데 중요한 역할을 수행한다. 실제 모바일 커뮤니티 서비스를 운영하는 콘텐츠제공업체(CP)에 따르면 사용성(usability) 즉, User Interface의 개선을 통해 매출의 20%를 올릴 수 있다는 의견을 내놓고 있다(에어아이, 2003). 개인화서비스는 커뮤니티의 지속적인 만족을 가져다 주는 핵심요인으로 "나만의 메뉴", "나만의 서비스"등 개인 니즈에 맞춘 서비스를 통해 방문 고객을 충성도 높은 단골 고객화하는데 사용된다. 위치기반서비스는 Aschmoneit(2002), Mueller등(2001), Durlacher research(1999, 2001)의 선행연구에서 지적했듯이, 이동성의 핵심 요소로서 사용자들의 온라인 커뮤니케이션을 오프라인 만남으로 확장할 수 있는 타사와 차별화된 경쟁력 확보를 위한 중요한 요소이다. 또한, 모바일 커뮤니티 사례연구, 즉, Navigety, Imahima, Friend Zone등에서도 위치기반서비스는 사용자들이 해당 회사의 서비스를 선택하는 중요한 기준으로 자리잡고 있음을 알 수 있다.

그외, 모바일 커뮤니티 사용자들은 이동통신사의 여러 커뮤니티 서비스중 자신에 맞는 특정 커뮤니티 서비스를 선택하여 소속감을 가지고 활동하고 있으나, 웹 커뮤니티와 같이 구성원들이 공유된 가치를 가지고 동호회 활동을 하기 보다는, 모바일 커뮤니티를 모블로그 등을 통해 개인적인 의사소통의 도구로서 사용하고 있다.

가설 2 : 모바일 커뮤니티 특성은 재방문 의도에 유의한 영향을 미칠 것이다.

모바일 커뮤니티 특성(고객지원서비스, 탐색편리성, 공유가치, 소속감, 개인화서비스, 위치기반서비스, 정황기반서비스) 과 재방문 의도 간의 유의한 관계를 가정한 가설 2의 경우에는 고객지원서비스, 소속감, 개인화서비스, 위치기반서비스는 유의한 관계를 나타냈다. 그러나, 탐색편리성, 공유가치, 정황기반서비스는 유의적인 관계를 나타내고 있지 않음으로 가설을 기각한다.

고객지원서비스는 Schwartz(1999)이 기본적으로 제공해야 하는 서비스를 충실히 이행하면 고객의 관심을 끌어 재방문을 유도할 수 있다는 연구에서 보듯이 중요한 사용성 변수이다. 소속감은 가상 커뮤니티의 가치에 영향을 미치며(최순화 등, 2000), 사용자의 재방문 의도를 평가할 수 있는 주요 지표이다. 사용자의 재방문을 유도할 요인으로 개인화서비스와 위치기반서비스가 채택된 것은 모바일 커뮤니티 사용자의 지속적인 방문을 위해서는 "나만의 메뉴", "나만의 서비스", "나의 현재 위치 정보", "친구는 어디 있을까"등 개별 고객에 니즈에 맞춘 메뉴 및 위치정보가 중요하다는 것을 증명해준다.

한편, 탐색편리성은 전반적인 만족에 유의한 영향을 미치나, 재방문 의도에는 유의한 영향을 미치지 못한 것으로 나타났는데, 이는 탐색편리성이 서비스 만족 측면에 가까운 요인이고, 현재의 커뮤니티 서비스가 사용자의 충성도를 높여 재방문을 유도할 만큼 양질의 탐색편리성을 제공해주지 못하고 있기 때문이라고 판단된다. 공유가치와 정황기반 서비스는 기각이 되었는데, 공유가치 측면에서 보면 모바일 커뮤니티가 웹과 같은 공동의 가치관을 가진 사용자들이 공동 주제를 가지고 토론하기 보다는 개인적인 의사소통의 도구로 사용되기 때문에 공유가치가 형성되기 어려운 측면이 있다. 정황기반서비스 측면에서 보면 현재 이동통신사에서 제공하는 커뮤니티형 서비스가 주로 회원제로 운영되고 있어 회원가입을 의무화하거나, 회원을 소개하는 사진이나 동영상 자료의 폭증으로 서비스 접속속도가 느리거나 서비스의 연결상태가 안정적이지 못한 문제점 등으로 인해 서비스의 즉시 연결성이나 안정성이 떨어지기 때문에 기각된 것으로 판단된다.

가설 3 : 모바일커뮤니티에서 전반적인 만족은 재방문 의도에 유의한 영향을 미칠 것이다.

모바일 커뮤니티에서 전반적인 만족과 재방문 의도간의 유의한 관계를 가정한 가설 3의 경우에는 유의한 관계를 나타냈다. 이는 고객만족이 방문후 태도에 영향을 미치며 이러한 태도는 계속해서 재방문 의도에 영향을 미친다는 기존 연구의 결과(McDougall등, 2000; Oliver, 1993; Parasuraman 등, 1996; Szymanski, 2001)와 마찬가지로 모바일 커뮤니티 환경에서도 전반적인 만족이 지각된 커뮤니티 특성과 재방문의도 사이에 매개효과가 있음을 증명하였다.

그러나, 본 연구의 결과를 미래 잠재고객을 제외한 현 모바일 커뮤니티 사용자들을 중심으로 분석해 볼 때, 국내 모바일 커뮤니티가 태동한지 몇해 안되고, 커뮤니티 서비스가 미팅·채팅 등 만남 중심으로 이루어져 있어, 동호회·클럽 등 제대로 된 공동체 성격의 서비스가 미약하여, 사용자가 전반적인 만족을 느끼며 재방문에 대한 의사가 있으나, 타인에게 방문을 권유하는 등 수익의 확대 재생산에는 연결되지 못하는 측면도 보여준다. 또한, 모바일 커뮤니티의 지각된 특성이 사용자의 재방문의도에 영향을 미치고, 커뮤니티 특성과 재방문의도 사이에 전반적인 만족이 매개 영향을 미친다는 것은 사용자들은 이러한 커뮤니티 특성 요소들이 제대로 반영된 공동체 성격의 커뮤니티 서비스를 원하고 있다는 사실을 반증하고 있다.

3. 추가 분석

인구통계적 요인에 따른 재방문 의도와 전반적인 만족의 통계적 유의성을 분석하기 위해 추가분석을 실시하였다. 즉, 연령을 10대와 20대의 두 그룹으로 나누어 그룹간 차이를 분석하였으며, 연령 요인과 전반적인 만족 및 재방문 의도간의 평균값을 비교하였다.

연령별로 지각된 특성과 전반적인 만족, 재방문 의도에 차이가 있는 가를 검증하기 위해, 연령을 10대, 20대, 30대 이상의 3개 사용자 그룹으로 나누었다. 30대 이상의 경우 샘플 수가 전체의 4.5%(31명)에 지나지 않고, 통계적으로 유의한 결과가 나오지 않아서, 10대와 20대 사용자 등 2개 그룹으로 나누어 가설 검증한 결과, 10대, 20대 사용자의 가설 검증 결과가 전체 샘플을 대상으로 한 연구모형의 가설 검증과 일치되는 결과가 나왔다. 즉, 10대와 20대 연령 공히 지각된 특성과 전반적인 만족간의 유의한 관계를 가정한 가설의 경우에는 고객지원서비스, 탐색편리성, 소속감, 개인화서비스, 위치기반서비스는 전반적인 만족에 대해 유의한 관계를 나타냈으며, 지각된 특성과 재방문 의도간의 유의한 관계를 가정한 가설의 경우에는 고객지원서비스, 소속감, 개인화서비스, 위치기반서비스는 재방문 의도에 대해 유의한 관계를 나타냈으며, 전반적인 만족과 재방문 의도간의 유의한 관계가 있는 것으로 밝혀졌다.

<그림 5-2> 추가분석 : 10대 사용자의 경로 계수

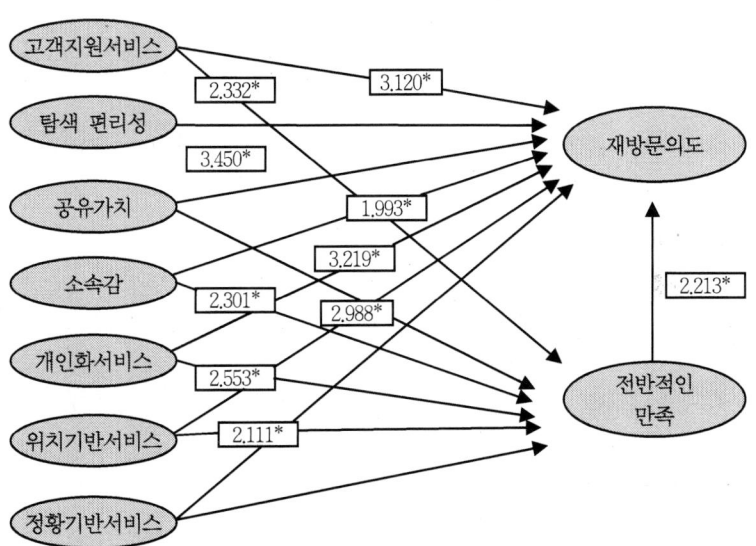

주1) ▢ : C.R.(Critical Ratio)
주2) * :0.05에서 유의함. ** :0.01에서 유의함

연구모형 가설 검증 결과와 20대 사용자를 대상으로 한 추가 가설 검증 결과에서 채택된 가설중 "소속감 → 재방문 의도, 전반적인 만족 → 재방문의도"가 유의수준 0.01에서 채택되었고, 나머지 채택된 가설은 모두 유의수준 0.05에서 유의한 관계를 보였다. 그러나, 10대 사용자를 대상으로 한 가설 검증에서 채택된 가설은 전부 유의수준 0.05에서 유의한 관계를 보였다.

〈그림 5-3〉 추가분석 : 20대 사용자의 경로 계수

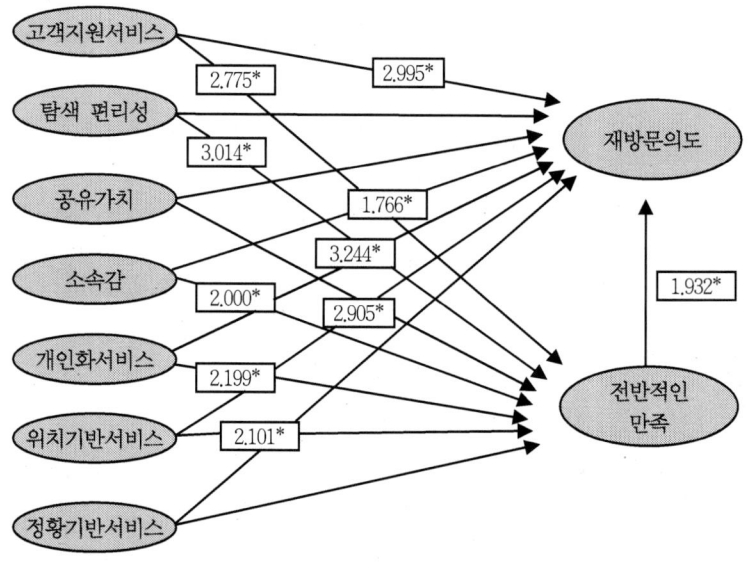

주1) □ : C.R.(Critical Ratio)
주2) * :0.05에서 유의함. ** :0.01에서 유의함

한편, 연령 요인과 전반적인 만족의 분석 결과, 연령별 전반적인 만족의 평균값과 표준편차는 〈표 5-12〉와 같이 20대의 전반적인 만족의 평균값이 가장 높으며, 40대가 가장 낮았다.

〈표 5-12〉 연령별 전반적인 만족의 평균 및 표준편차

연 령	표본 구성(N)	전반적인만족(평균값)	전반적인만족(표준편차)
10대	208명	3.8425	8.4201
20대	416명	4.4211	9.2314
30대	28명	3.2531	7.3251
40대	3명	3.0000	1.0000

연령과 재방문의도 간의 관계를 분석한 결과, 연령별 재방문의도의 평균값과 표준편차가 〈표 5-13〉과 같이 20대의 재방문 의도의 평균값이 가장 높았으며, 40대가 가장 낮았다.

〈표 5-13〉 연령별 재방문의도의 평균 및 표준편차

연 령	표본 구성(N)	재방문의도(평균값)	재방문의도(표준편차)
10대	208명	3.7240	0.8714
20대	416명	4.0522	0.8670
30대	28명	3.3311	0.8921
40대	3명	3.0000	1.0000

이는 커뮤니티 이용자들이 대부분이 젊고 새로운 아이디어에 관심이 높은 혁신층이거나 조기수용자일 가능성이 높다는 사실을 반증해 주고 있다. 이러한 결과는 설문응답자중 20대 젊은 여성이 가장 많았고, 무선인터넷 콘텐츠 소비를 20대(20~24세)층이 주도하고 있으며(SKT, 2003), 젊은 여성이 모바일 커뮤니티의 수용도가 높다는(SBR&C, 2003) 연구 결과와 일치되는 사항으로, 모바일 커뮤니티가 젊은 여성층을 대상으로 서비스가 이루어져야 함을 입증하고 있다.

결론적으로, 10대와 20대 사용자의 가설 검증을 비교한 결과 전체

15개 가설중 10개의 같은 항목에서 가설이 채택되어, 연령별 지각된 커뮤니티 특성에 차이가 없는 것으로 나타났다. 또한, 연령과 전반적인 만족, 연령과 재방문의도 간의 관계는 모두 20대의 평균값이 가장 높았으며, 이어 10대가 높았으며, 40대가 가장 낮았다.

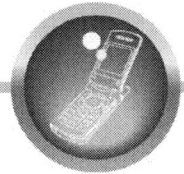

제 **6** 장

결 론

제1절 연구 결과의 요약

모바일은 시간과 장소에 구애받지 않고 사용자가 휴대하고 다니면서 소형 액정 단말기의 함축된 인터페이스를 통해 제공되는 개인화된 서비스인 반면, PC에 비해 불편한 입출력장치 및 낮은 처리 성능으로 이용상의 단점을 가지고 있다. 또한, 유선 커뮤니티가 다수의 사람들이 주제 중심의 게시판(BBS등)을 통해 의사소통을 하는 반면, 모바일 커뮤니티는 모바일 폰 사용자가 개인적인 의사소통에 중점을 두고 주변 지인들과 즉각적인 상호작용의 도구로 사용한다. 그외, 모바일은 유선 인터넷에 비해 사용자의 유료화에 대한 저항이 적고, PC보다 휴대폰의 사용자가 많을 뿐만 아니라 여성 사용자도 상대적으로 많으며, 손쉽게 참가하고 언제 어디서나 사용할 수 있다는 장점에 있다.

본 연구에서는 지금까지 무선인터넷 사용 중심으로 이루어진 모바일에 대한 연구영역을 모바일 발전 추세에 맞추어 커뮤니티 영역으로 확대 적용한 것이다. 휴대폰은 많은 사람이 보편적으로 사용하는 기계이기 때문에 사람들이 사용하기 쉬운 유연성 있는 맨-머신 인터페이스(man-machine interface) 단말기여야 한다. 기계적 익숙도가 높은 이용자일수록 무선인터넷의 이용량이 더 많아지게 되며, 이러한 경향은 또 기계 상호작용 활동 뿐 아니라 인간 상호작용 활동에서 영향을 미친다(Hiltz등, 1986). 따라서, 본 연구는 모바일 커뮤니티의 지각된 특성을 맨-머신 인터페이스(man-machine interface) 개념에 맞추어 Man 측면의 사회관계성 특성, Machine측면의 콘텐츠 특성, Interface측면의 사용성 특성을 변수로 분류하여 체계적인 모바일 커뮤니티의 모형을 구현했다는 점에 본 연구의 의의가 있다. 이를 위해 본 연구에서는 기존의 모바일, 커뮤니티, 전자상거래 등 기존 문헌에서 도출되어 온 모바일 커뮤니티 특성 항목들을 토대로 관계마케팅 관점에서 연구를 시도하였다.

본 연구는 모바일 커뮤니티의 지각된 특성, 즉 사용성 특성, 사회 관계성 특성, 콘텐츠 특성이 재방문 의도에 어떠한 영향에 미치는지, 모바일 커뮤니티의 지각된 특성과 재방문의도 사이에 전반적인 만족이 어떠한 매개 효과를 가지는지 연구하였다. 연구의 가설 검증을 요약하면 다음과 같다.

모바일 커뮤니티의 지각된 특성과 전반적인 만족간의 유의한 관계를 가정한 가설 1의 경우에는 고객지원서비스, 탐색편리성, 소속감, 개인화서비스, 위치기반서비스는 전반적인 만족에 대해 유의한 관계를 나타냈다. 모바일 커뮤니티의 지각된 특성과 재방문 의도간의 유의한 관계를 가정한 가설 2의 경우에는 고객지원서비스, 소속감, 개인화서비스, 위치기반서비스는 재방문 의도에 대해 유의한 관계를 나타냈다. 모바일 커뮤니티에서 전반적인 만족과 재방문 의도간의 유의한 관계를 가정한 가설 3의 경우, 전반적인 만족과 재방문 의도간의 유의한 관계가 있는 것으로 밝혀졌다.

한편, 본 연구의 주요한 결과를 다음 세가지로 요약할 수 있다.

첫째, 본 연구를 위해 모바일, 커뮤니티, 전자상거래 등 기존 연구에서 사용한 요인들중에서 독립변수를 선정하였는데, 이들 변수가 종속변수 및 매개변수와 관계에서 대부분 유의한 영향을 미치는 것으로 나타나, 기존 연구의 변수들이 모바일에도 적용될 수 있음을 입증하였다.

둘째, 고객 만족이 재방문 의도에 유의한 영향을 미친다는 기존 전자상거래나 커뮤니티 연구 결과가 모바일 커뮤니티 환경에서도 그대로 적용되어, 전반적인 만족이 지각된 커뮤니티 특성과 재방문의도 사이에 매개효과가 있음을 증명하였다.

셋째, 인구통계적 요인에 따른 재방문 의도와 전반적인 만족의 통계적 유의성을 분석하기 위해 추가분석을 실시하였는 바, 10대와 20대 사용자의 가설 검증을 비교한 결과 전체 15개 가설중 10개의 동일한 항목에서 가설이 채택되어, 연령별 지각된 커뮤니티 특성에 차이가 없는 것으로 나타났다. 또한, 연령과 전반적인 만족, 연령과 재방문의도 간의 관계는 모두 20대의 평균값이 가장 높았으며, 이어 10대가 높았으며, 40대가 가장 낮았다. 이는 설문응답자중 20대 젊은 여성이 가장 많았고, 무선인터넷 콘텐츠 소비를 20대(20~24세)층이 주도하고 있으며(SKT, 2003), 젊은 여성이 모바일 커뮤니티의 수용도가 높다는(SBR&C, 2003) 연구결과와 일치되는 내용으로, 모바일 커뮤니티가 젊은 여성층을 대상으로 서비스가 이루어져야 함을 입증하고 있다.

제 2 절 연구의 시사점

연구결과를 통해 본 기업적 측면에서 커뮤니티 서비스에 대한 전략적 시사점을 살펴보면 다음과 같다.

첫째, 모바일 커뮤니티의 이용자는 젊고 혁신적인 사고를 가지고 있는 젊은 여성(20~24세) 집단에 초점을 맞추어야 한다. SBR&C(2003)와 본 연구의 결과에 따르면 고객들은 1:1 데이트에 대한 욕구보다는 익명·지인간 정보 및 친목교류에 대한 욕구가 높았으며, 특히 젊은 여성은 모바일 커뮤니티에 대한 선호도가 다른 계층에 비해 높았다. 이들 집단의 경우 재방문의 확률이 높기 때문에 이러한 집단과 일반 집단에 대해 시장을 분리해서 집중화된 마케팅전략을 수립할 필요가 있다. 인터넷이 게시판 형태의 주제 토론 형식이 강하여 자기과시적이고 공격적인 성향인 남자에게 맞는 서비스(미디어)라며, 모바일은 개인적인 1:1 혹은 1:다수의 개인 커뮤니케이션 도구이면서도, 개인이 늘 휴대하면서 본인만 볼 수 있는 자기분신형 단말기 서비스이기 때문에 여성에게 적합한 개인화된 커뮤니케이션 공간이다. 따라서, 이러한 젊은 여성고객들의 개인적 커뮤니케이션을 촉진할 수 있는 커뮤니티 서비스 구현이 요구된다.

둘째, 국내외 커뮤니티 동향과 주요 커뮤니티 사례 연구, 실증분석을 통해 기존 모바일 커뮤니티 서비스가 고객의 요구에 맞지 않게 미팅계열 서비스 중심으로 시장이 운영되고 있음이 입증되었다. 또한, 미래 잠재고객을 제외한 현 모바일 커뮤니티 이용자들을 중심으로 분석해 볼 때, 국내 모바일 커뮤니티가 태동한지 몇해 안되고, 동호회·클럽 등 제대로 된 공동체 성격의 서비스가 미약하여, 사용자가 모바일 커뮤니티 서비스에 전반적인 만족을 느끼며 재방문에 대한 의사가 있으나, 타인에게 방문을 권유하는 등 수익의 확대 재생산에는 연결되지 못하는 측면을 보여준다. 이러한 고객의 니즈를 반영하려는 움직임이 최근 모바일 싸이월드나 이동통신사 자체의 커뮤니티 서비스 개설 등으로 나타나고 있는데, 이는 향후 국내 모바일 커뮤니티가 개인적인 미팅·채팅 중심으로 모블로그, 클럽, 동호회 등을 통해 발전할 여지가 충분히 있다는 것을 보여주고 있으며, 기업의 수익성 및 고객 충성도를 확보할 수 핵심 요인으로 대두될 수 있을 것이다.

한편, 2003년 7월 무선망 개방후 수 많은 커뮤니티 업체들이 등장하여 무선인터넷의 시장이 폭발적으로 성장할 것으로 기대했으나, 이동통신사의 무관심과 번호 이동성 경쟁으로 인하여 관심권밖으로 밀려나 있는 실정이다. 이에 따라 망 개방의 취지를 살리고 무선인터넷 시장과 커뮤니티 서비스가 확산될 수 있는 정책적 시사점을 살펴본다.

첫째, 외국에 비해 우수한 기술 및 보급 환경에도 불구하고 국내 모바일 커뮤니티 서비스가 상대적으로 부진한 요인으로 기술적 제약점을 들 수 있다. 우리나라의 CDMA방식은 기지국과 사용자 사이에 개별송출 방식을 채택하고 있기 때문에 SMS를 통한 개인의 정보 도달율은 99%에 가까우나, 다수의 가입자를 대상으로 한 모바일방송이나 동시 메일 발송시에는 막대한 원가가 발생하는 제약점이 있다. 이에 비해 유럽이나 미국 일부, 일본의 아이모드가 채택하고 있는 GSM 방식은 기지국에서 대규모 고객을 대상으로 전송원가가 거의 들지 않는 상태에서 동시 송출이 가능하여 SMS에 비해 네트워크 부하가 적게 걸리고 실시간 정보 제공이 가능하다는 장점이 있다. 이에 따라 국내에서는 커뮤니티를 서비스를 운영하는데 회원간 실시간 정보 교환이나 SMS를 통한 다량메일 발송에 막대한 발송원가가 발생하여 커뮤니티 활성화에 큰 제약이 되고 있으며, 커뮤니티의 핵심인 사용자의 DB를 이동통신사가 장악하고 있어 커뮤니티 고객 DB를 통한 CRM등의 서비스 확장이나 비즈니스 모델 개발에 어려움을 겪고 있다. 이러한 기능을 보완하기 위해 일부 단말기에는 CBS(Cell Broadcasting System)기능을 장착하여 모바일 방송 서비스를 하고 있으나 단말기 및 콘텐츠가 부족하고 정보의 일방향성 서비스 방식으로 인해 활성화되어 있지 않는 상태이다.

이러한 기술적 문제점을 극복하기 위한 대안중 유력한 것이 커뮤

니티 사이트가 회원들의 통신접속료 수익중의 일부(ISP요금)를 이동
통신사에게 받는 모델이다. 일본에서는 일부 이동통신사에서 실시하
고 있는 바, 국내에서도 이러한 모델이 정착될 경우 커뮤니티 업체의
수익성이 확보되어 커뮤니티 서비스 시장의 급속한 확대가 예상된다.

둘째, WINC(무선인터넷 콘텐츠번호 접근체계)의 보급 및 이용활
성화를 위한 등록비의 단계적 인하 및 핫키 방식의 보급을 통하여
어느 정도 무선망 개방의 효과가 나타나기 시작하면 3G와 휴대인터
넷에 MVNO(사설이동망사업자)도입 검토 등 좀 더 다양한 비즈니
스 모델이 출현할 수 있는 여건 조성이 필요하다. 기타 유해콘텐츠
및 과금검증 분쟁, 저작권 문제, ISP 접속료의 언번들링, 위치정보
개방의 형태, 마케팅 지원정보(이용자 연령, 접속이력 등)의 개방 범
위와 대상 등에 대한 세부적인 대책이 요구된다.

셋째, 일반적으로 무선망 개방하면 콘텐츠 시장 확대 측면만을 고
려하고 있다. 우리나라 무선인터넷에는 콘텐츠만 있고, 비즈니스는
없다. 실제, 이동통신사 서비스 메뉴를 보면 개인을 대상으로 한 콘
텐츠만 있지, 기업이나 소규모 점포 등의 사업을 위한 공간이 전무하
다. 따라서 이제라도 무선인터넷이 비즈니스를 위한 공간으로 활용될
수 있도록 소규모 점포(중소사업장)나 기업 폰페이지나 홍보용 페이
지 제작 등을 장려하는 기업용 콘텐츠에 대한 육성책을 진지하게 고
려해야 할 것이다.

제3절 연구의 한계 및 향후 연구 과제

본 연구는 모바일 커뮤니티에 관한 실험적인 성격이 짙은 관계로 실증 분석과 관련하여 다음과 같은 한계점을 가질 수 있다. 첫째, 본 연구는 모바일 커뮤니티에 관한 실험적 연구의 성격이 강하여, 변수의 채택이나 신뢰성있는 표본 집단 및 샘플 확보에도 어려움을 드러냈다. 그러나, 향후 모바일 싸이월드와 같이 본격적인 모바일 커뮤니티 서비스가 등장하면 지금보다는 훨씬 신뢰성있는 연구 결과가 나올 것으로 예상된다.

둘째, 모델 설계 과정에서 모바일 커뮤니티 특성에 관한 선행 연구의 결여로 인하여 웹 환경을 기반으로 수행된 기존 연구에서 일부 요인을 추출하고 모바일 커뮤니티 특성 중에서 논리적으로 타당한 내용을 변수로 제시하였다. 따라서 본 연구의 모델을 지지할 만한 논리적 근거가 부족한 편이다.

셋째, 모바일 선진국인 한국과 일본은 모바일 커뮤니티 특성에 어떤 차이가 있는지 검증하기 위해 한국과 일본에 동일 기간에 설문을 실시하였으나, 일본의 경우 제대로 된 검증 결과를 도출하지 못했다. 이는 일본의 모바일 커뮤니티 서비스가 성인 만남중심이어서 국내 모바일 커뮤니티 환경과는 다른 점을 보여주고 있으며, 샘플의 편중성, 그 외 한일간 문화적 차이 등으로 인해 유의한 결과를 얻어내지 못했다.

앞으로의 연구 방향을 제시하면 다음과 같다.

첫째, 본 연구에 사용되었던 연구 모형을 재구성한 연구가 필요하다. 본 연구에서 유의하지 못한 변수들을 제거하고 그 외에 다른 중요 요인을 추가하여 풍부한 설명을 해 줄 수 있는 연구가 필요하다.

둘째, 모바일 커뮤니티 환경에서 소비자의 전반적인 만족과 재방문 의도에 영향을 미치는 커뮤니티 특성의 범위에서 연구가 수행되었으나, 모바일 커뮤니티의 궁극적인 목적인 모바일 비즈니스 환경에서 수익창출이므로 연구의 범위를 확장하여 커뮤니티 비즈니스 전반에 걸쳐 확대된 연구를 기대할 수 있다.

셋째, 모바일 커뮤니티는 국제적으로 거의 비슷한 서비스 양상을 보이고 있기 때문에, 국가간 서비스 이용 및 사용자의 차이 등을 검증하기 위해 모바일 커뮤니티 서비스의 국가간 비교 연구가 필요하다.

참고문헌

[국내 문헌]

구동모, 정종덕(2001), "인터넷쇼핑 매체 사용 태도의 선행변수 고찰", *마케팅관리연구*, 제 6 권 제 3 호, pp.27-63.

김기영, 강현철(2001), **LISREL를 이용한 구조방정식 모형의 분석**, 자유아카데미.

김상용, 박성용(1999), "전자상거래에서의 구매의도 결정영향요인에 관한 연구", *소비자학연구*, 제10권 제 3호, pp.45-66.

김윤호, 황홍선, 박준호(2003), **모바일 콘텐츠 비즈니스로 가는 성공 로드맵**, 비비컴.

김호영, 김진우 (2002), "모바일 인터넷의 사용에 영향을 미치는 중요 요인에 대한 실증적 연구", *경영정보학 연구*, 12(3), pp.89-114.

문남미, 김효근, 김지성(2000), "웹사이트 콘텐츠 특성이 웹사이트 성과에 미치는 영향요인에 관한 연구", *한국멀티미디어학회지*, 제4권 제1호.

배진한(2001), "이동전화의 충족과 대인커뮤니케이션 매체로서의 이동전화의 적합성 인식 : 세대간 비교를 중심으로", *한국언론학보*, 제45-4호, pp. 160-188.

배진한(2002), "전화의 이용과 충족 그리고 대인매체로서의 전화의 속성 : 이동전화, 면대면 채널과의 비교를 중심으로", *한국언론정보학보*, 통권 18호.

서이종(2002), **인터넷 커뮤니티와 한국사회**, 도서출판 한울.

송창석(1996), "가상환경에서의 연결마케팅에 관한 연구", *서울대학교 경영학 박사학위논문.*

신종철(1999), "Relationship Marketing 전략의 효율화 방안에 관한 연구 : 시장자산을 중심으로", *서울대학교 경영학 박사학위 논문.*

시민미디어정보센터(2003), "한국의 온라인 커뮤니티, 역사와 동향", *온라인 커뮤니티 비엔날레 2003 발표자료집.*

에어아이(2003), **모바일 커뮤니티의 과거, 현재, 미래**, 에어아이.

이원태(2003), "사이버 공동체와 한국사회", *2003 서강대학교 사회과학연구원 사회과학연구소 공동주최 학술회의 발표 논문집.*

이인희(2001), "대학생 집단의 휴대폰 이용동기에 관한 연구", *한국방송학보*, 통권 15-3호, pp. 261-293.

이학식, 장경란, 이용기(1999), "호텔기업의 시장 지향성과 사업성과의 관계성, 그리고 매개변수에 관한 연구", *경영학연구*, 28(1), pp.157-184.

임규관(2003), **M-business 현황과 발전방향**, SK텔레콤 Biz사업본부.

정인근(2002), **Mobile Contents의 특성이 소비자의 구매 행위에 미치는 영향에 관한 연구**, 정보통신부.

정보통신부(2004), 유·무선 통신서비스 가입자 현황(2003. 12월말 통계).

조현철(1999), **LISREL에 의한 구조방정식 모델**, 석정.

최순화, 박기우, 이상민(2000), **사이버 커뮤니티의 가치평가 : 디지털시대의 경영전략**, 삼성경제연구소.

한국인터넷정보센터(2003a), **인터넷 이용자 수 및 이용행태 조사 요약보고서**, 한국전산원.

한국인터넷정보센터(2003b), **2003년 무선인터넷 이용자 실태조사**, 한국전산원.

한국전산원(2003), **2003 한국인터넷백서**, 한국전산원.

ARG(2002), 무선인터넷 비즈니스 모델, 애틀라스리서치그룹.

IMResearch(1998), **1998 Spring KNP 인터넷 사용자 조사** , imresearch.

KTF(2003), **KTF 무선 멀티미디어사업전략**, 아이뉴스24 주최 세미나자료집.

SBR&C(2003), **채팅 · 미팅서비스 현 사용 현황 점검 및 서비스 이용 활성화 방안 탐색을 위한 소비자 조사 보고서**, SBR&C.

SKT(2003a), **무선인터넷 백서**, SKT.

SKT(2003b), **모바일 커뮤니티 서비스 개발**, SKT.

[국외 문헌]

Anderson, W., Fornell, C. and Lehman, R.(1994), "Customer Satisfaction, Market Share and Profitability: Findings from Sweden", *Journal of Marketing*, 58(July), pp. 125-143.

Anton, J. (1996), *Customer Relationship Management : Making hard Decisions with Soft Numbers*, NJ : Prentice Hall, Inc.

ARC Group(2001), *850 million Mobile Games users predicted by 2006*, http://www.arcgroup.com/press2/rel_me.htm

Aschmoneit, P.(2002), "Elements of a Mobile Community Business Model", *Proceedings of the Information Resources Management Association International Conference*, IRMA, Seattle .

Bachiochi, D., Berstene, D., Chouinard, E., Conlan, N., Danchak, M., Furey, T., Neligon, C. and Way, D.(1997), "Usability Studies and Designing Navigational Aids for the World Wide Web", *Computer Networks and ISDN Systems* 29, pp. 1289-1496.

Bauer. C., Scharl, A.(2000), "Quantitive evaluation of Web site content and structure", *Internet Research : Electronic Networking Applications and Policy*, Vol. 10, No. 1, pp.31-42.

Berridge, L.(2002), *Mobile Communities: Building loyalty and generating revenue through chat and other community applications*, Baskerville Communication Corporation.

Berry, L.(1995), "Relationship Marketing of Service - Growing Interest, Emerging Perspectives", *Journal of the Academy of Marketing Science*, Vol. 23, No.4, pp. 236-245.

Bettencourt, Lance A.(1997), "Customer Voluntary Performance : Customer As Partners in Service Delivery", *Journal of Retailing*, Vol.73, pp.383-406.

Brown, J. and Duguid, P.(2000), *The Social Life of Information*, Havard Business School Press.

Chae, M. and Kim, J.(2001), "Information Quality for Mobile Internet Services: A Theoretical Model with Empirical Validation", *Proceedings of International Conference on Information Systems*, USA.

Chen, Lai-Da.(2000), "Consumer Acceptance of Virtual Stores: A Theoretical Model and Critical Success Factors for Virtual Stores", *Doctoral Thesis*, The University of Memphis.

Chung, I., Lee. M.(2003), "A Study of Influencing Factors for Repurchase Intention in Internet Shopping Malls," *Proceedings(CD), 17th International Parallel & Distributed Processing Symposium*, the Institute of Electrical and Electronics Engineering(IEEE) Computer Society, Nice, France.

Davis, F. D.(1989), "Perceived Usefulness Perceived Ease of Use, and User Acceptance of Information Tech-logy", *MIS Quarterly*, 13-3, pp. 319-340.

Davis, F. D., Bagozzi., Warsaw(1989), "User Acceptance of Computer Technology: A Comparison of Two Theoretical Models", *Management*

Science, 35-8, pp. 982-1003.

Donthu, N. and Gilliland, D. I.(1996), 'The Infomercial Shopper", *Journal of Advertising Research*, 26(March-April), pp.69-76.

Donthu, N. and Garcia, A.(1999), "The Internet Shopper", *Journal of Advertising Research*, 39(3), pp.52-58.

Doring, N.(2003), "Interaktion in virtuellen Gemeinschaften", *Paper presented to the International Workshop on Virtual Community & Mobility*, Muchen.

Durlacher Research(1999), *Mobile Commerce Report*", Durlacher Research.

Durlacher Research(2001), *UMTS report: an investment perspective*, Durlacher Research.

Dwyer, R. F., Schurr, P. H. and Oh, S. J.(1987), "Developing Buyer-Seller Relationships", *Journal of Marketing*, 51(April), pp.11-27.

Emma, P., Hiom, D. and M. Peereboom(1998), *Internet Detective: an Interactive Tutorial on Evlauating the Quality of Internet Resources developed by DESIRE project with funding from the European Union*, University of Newcastle, PDF.

Farrior, J., Heckscher, S., Judy, P., Kelly, A., Lawrence, S. And Morrison, B.(1999), *Online Communities*, White Paper, Kelloge Graduate School of Manangement.

Fenech, T.(1998), "Using perceived Ease of Use and Perceived Usefulness to Predict Acceptance of the World Wide Web", *Computer Networks and ISDN Systems*, 30:1-7, pp. 629-630.

Fishbein, M., Ajzen, I.,(1975), *Belief, Attitude, Intention, and Behavior : An Introduction to Theory and Research*, Addison-Wesley, Reading, MA.

Fornell, C., Johnson, D., Anderson, W. Cha, J. S. and Bryant, E.(1996),

"The American Customer Satisfaction Index : Nature, Purpose, and Findings", *Journal of Marketing*, 60(Oct.), pp.7-18.

Fremaux, D.(2000), "The next VAS generation", *in Telecommunication Online*, No.4.

Fremuth, N., Tasch, A. and Frankle, M.(2003), *Mobile Communities- new business opportunities for mobile network operators*, Kon-ferenzbeitrag.

Friedman, J.P., Langlinais, T.C. (2000), *Best Intentions: A Business Model for the eEconomy*, Andersen Consulting.
http://www.ac.com/ideas/Outlook/1.99/over_currente2.html

Gaudiani, Claire L.(1998), *Wisdom as Capital in Prosperous Communities*, in Hesselbein, Frances, Goldsmith, Marshall, Beckhard, Richard, and Schubert, Richard F., eds., The Community of the Future, Jossey-Bass, San Francisco, p. 65.

Garbarino, E., Johnson, M.S.(1999), "The Different Roles of Satisfaction, Trust, and Commitment in Customer Relationships", *Journal of Marketing*, Vol. 63.

Goodman, J.(1996), "Maximizing the value of customer feedback", *Quality Progress*, 29(12), pp.35-39.

Gordijn, J., Akkermans, J., Van, V. (2000), "What's in an Electronic Business Model?", *Knowledge Engineering and Knowledge Management-Methods, Models, and Tools, LNAI* , pp.257-273.

Hagel, J., Armstrong, A.(1997), *Net Gain. Expanding markets through virtual communities*, Boston, Harvard Business School Press.

Hamel, G., (2000), *Leading the revolution*, Harvard Business School Press.

Heide, Jan. B., George, J.(1992), "Do Norms Matter in Marketing Relationships", *Journal of Marketing*, April. 18.

Hiltz, S. R., Johnson, K., Turoff, M.(1986), "Experiments in group decision making : Communication process and outcome in face-to-face versus computerized conferences", *Human Communication Research*, 13, pp.225-252.

Hoffman, D. L., Novak, T. P.(1996), "Marketing in Hypermedia Computer-Mediated Environments : Conceptual Foundation", *Journal of Marketing(60)*, pp.50-68.

Horton, W. (1994), *The Icon Book: Visual Symbols for Computer Systems and Documentation.* NY, NY: John Wiley and Sons, Inc.

Jarvenpaa, S. L. and Todd, P. A.(1997), "Customer Reactions to Electronic Shopping on the World Wide Web", *International Journal of Electronic Commerce*, Vol. 1, No. 2, pp.59-88.

Kapoun, J.(1998), Teaching undergrads WEB evaluation: A guide for library instruction, *C&RL News*, pp. 522-523.

Katerattanakul, P., Siau, K.(1999), "Measuring Information Quality of Web Sites : Development of an Instrument", *20th International Conference on Information Systems (ICIS-99)*, Charlotte, USA, pp.279-285.

Kim, A. J.(2000), *Community building on the Web: Secret strategies for successful online communities*, Berkeley, CA: Peachpit Press.

Koch, M., Groh, G., Hillebrand, C.(2002), "Mobile Communities: Extending Online Communities into the Real World", *Proc. Americas Conference on Information Systems* , AMCIS 2002, Dallas TX.

Kristorffersen, S. and F, Ljungberg(1999), "Mobile Informatics : Innovation of IT Use in mobile settings," *IRIS'21 workshop report*, *SIGCHI Bulletin*, Vol. 31, No.1, pp.29-34.

Leimeister, J.M., Daum, M., Krcmar, H.(2003), "Towards M-Communities: The

Case of COSMOS Healthcare", *In: Proceedings of the Hawaii International Conference on System Sciences* (HICSS 36), Big Island, Hawaii.

Leung. L, Wei, R.(1998), "The gratifications of pager use: Sociability, information-seeking, entertainment, utility, and fashion and status", *Telematics and Informatics*, Vol. 15, pp. 253-264.

Leung. L, Wei, R.(2000), "More than just talk on the move: Uses and gratifications of the cellular phone", *J&MC Quarterly*, Vol. 77, pp. 308-320.

Li, H., Kuo, C. and Russell, M.(1999), "The Impact of Perceived Channel Utilities, Shopping Orientations, and Demographics the Consumer's Online Buying Behavior", *Journal of Computer-Mediated Communication*, PDF.

Liu, C., Arnett, K., Capella, L. and Beatty, R.(1997), "Web Sites of the Fortune 500 Companies : Facing Customers through Home Pages", *Information & Management 31*, pp. 335-345.

Macintosh, Gerrard(1997), "Personality as Predictors of Long-Term Relationship Orientation in Personal Selling", *in Enhancing Knowledge Development in Marketing*, Vol. 8, p.222.

McDougall, G., Levesque, T.(2000), "Customer Satisfaction and Future Intentions : The Role of Perceived Value and Service Quality", *Journal of Service Marketing*, Vol. 14, pp.392-410.

McMillan, D. W., Chavis, D. M. (1986), "Sense of Community: A definition and theory", *Journal of Community Psychology*, 14, pp.6-23.

Moore, J.F. (1998), *The New Corporate Form*, in Tapscott, D., Lowy, A., Ticoll, D. (Eds.) Blueprint to the Digital Economy, McGraw-Hill, pp.77-95.

Morgan, R. M., Hunt, S. D.(1994), "The Commitment Trust Theory of Relationship Marketing", *Journal of Marketing*, 58, pp. 20-38.

Novak, T. P., Hoffman, D. L.(1997), "Measuring the flow experience among web users", *Marketing Science*, 19(1), pp.22-42.

Mueller, D., Aschmoneit, P.(2001), "Opportunities of CRM and Mass Customisation in the mobile environment", *in: Proceedings of Congress on Mass Customisation and Personalization, Hong Kong*.

Neilsen, J.(1993), *Usability Engineering*, Academic Press/AP Professional, Cambridge, MA

Neilsen, J.(1997), *Report From a 1994 Web Usability Study*, http://www.useit.com/papers/ 1994_web_usability_report.html

Niklas, Z. K., Jenny. F. S.(2000), "Mobile Gaming : Business Models for Games on Mobile Internet", The Centre for Information and Communication Research, *Stockholm School of Economics*, Masters Thesis.

Nisbet, R. A.(1966), *Sociological Tradition*, Basic Books.

Oliver, R. L.(1980), "A Cognitive Model of the Antecedents and Consequences of Satisfaction Decisions", *Journal of Marketing Research*, 17(Nov.), pp.460-469.

Oliver, R. L.(1993), "Cognitive, Affective, and Attribute Bases of the Satisfaction Response", *Journal of Customer Research*, 20(Dec.), pp.418-430.

Olsson, C.(2000), "The usability concept re-considered : A need for new ways of measuring real web use", *Proceedings of IRIS23*, Laboratorium for Interaction Technology, Uddevalla, Sweden.

Osterwalder. A., Pigneur, Y.(2002), "An e-business model ontology for modeling e-business", *15th Bled Electronic Commerce Conference*, Slovenia.

Ovum.(1999), *Fixed Mobile Convergence : Service Integration and Substitution*, ovum

Parasuraman, A., Zeithaml, A. and Berry, L.(1996), "The Behavioral Conse-quence of Service Quality", *Journal of Marketing*, Vol. 60(April), pp.31-46.

Peter, H. Schonemann(1981), "Power as a function of communality in factor analysis", *Bulletin of the Psychonomic Society*, 17, pp.7-60.

Petrovic, O., Kittl, C. and Teksten, R.D.(2001), "Developing Business Models for eBusiness", *International Conference on Electronic Com-merce 2001*, Vienna.

Poplin, D.E. (1979), *Communities: A Survey of Theories and Methods of Research*, New York, NY: Macmillan Publishing Co., Ltd.

Preece, J.(2001), "Sociability and usability: Twenty years of chatting online", *Behavior and Information Technology Journal*, 20(5), pp.347-356.

Preece, J., Lazar, J.(2002), "Social Considerations in Online Com- munities: Usability, Sociability, and Success Factors", *In H. van Oostendorp*, Cognition in the Digital World. Lawrence Erlbaum Associates Inc. Publishers. Mahwah: NJ.

Preece, J., Maloney, K.D. and Abras, C.(2003), *History of Emergence of Online Communities*", In B. Wellman (Ed.), Encyclopedia of Comm-unity. Berkshire Publishing Group.

Rappa, M.(2001), *Managing the digital enterprise - Business models on the Web*, http://ecommerce.ncsu.edu/business_models.html

Rheingold, H.(1993), *The virtual community: Homesteading on the electronic frontier*, Addison-Wesley, New York.

Robert, B. W.(1997), "Customer Values : The Next Source for Compe-titive Advantage", *Journal of the Academy of Marketing Science*, Vol.25, No.2, pp.139-153.

Rogers, E. M.(1986), *Communication Technology : The New Media in Society*, NY:Free Press.

Rubin, J.(1994), *Handbook of Usability Testing*, John Wiley and Sons.

Rust, R. T., Anthony, J. Z. and Timothy, L. K.(1995), "Return on Quality (ROQ): Making Service Quality Financially Accoun- table", *Journal of Marketing*, 59 (April), pp. 58-70.

Ruth, Christopher.(2000), "Applying a Modified Technology Acceptance Model to Determine Factors Affecting Be- havioral Intention to Adopt Electronic Shopping on the World Wide Web: A Structural Equation Modeling Approach", *Doctoral Thesis*, Drexel University.

Schneiderman, B.(1998), *Designing the User Interface*, 3rd ed. Addison-Wesley Publishing Co., MA.

Schwartz, S.(1999), "At Your Self Service", *Intelligence Enterprise*, Vol. 2. No.17.

Smith, G.(1997), "Testing the Surf: Criteria for Evaluating Internet Information Resources", *The Public-Access Computer System Review*, Vol. 8, No. 3. http://www.vuw.ac.nz/~agsmith/evaln/index.htm

Spears, R., Lea, M. (1992), "Social influence and the influence of the social", *computer-mediated communication*, pp.30-65.

Steuer, J.(1992), "Defining Virtual Reality : Dimensions Determining Tele- presence", *Journal of Communication*, 42, pp.73-93.

Strong, D. M., Lee, Y. and Wang, R. Y.(1997), "Data Quality to Context", *Communication of the ACM*, (40:5), pp.103-110.

Swaninathan, Vanitha, Elzbieta, Lepkowska-white and Bharat, P. Rao(1999), "Browsers or Buyers in Cyberspace ? An Investigation of Factors Influencing Electronic Exchange", *Journal of Computer-mediated Com -*

munication, 5(2), PDF.

Szymanski, David, M.(2001), "Customer Satisfaction : a Meta-Analysis of the Empirical Evidence", *Academy of Marketing Science*, 29(1), pp.16-35.

Tapscott, D., Lowi, A., Ticoll, D.(2000), *Digital Capital - Harnessing the Power of Business Webs*, Boston, Harvard Business School Press.

Timmers, P.(1998), "Business Models for Electronic Commerce", *EM - Electronic Markets*, 8(2), pp.3-8.
http://www.electronicmarkets.org/netacademy/publications/all_pk/949

Trevino, L. K., Webster, J.(1992), "Flow in computer-mediated communication : Electronic mail and voice mail : Evaluation and impacts", *Communication Research*, 19(5), pp.539-573.

Underberg, T., Cothrel. J.(2001), *Building Successful Online Communities in a Wireless World*, Participate.com.

Varshney, U., Vetter, R.and Kalakota, R.(2000), "Mobile Commerce : A New Frontier", *IEEE Computer*, Vol. 33, No. 10, pp.32-38.

Warms, A., Cothrel, .J., Underberg, T.(2000), "Return on Community : Proving the Value of Online Communities in Business", *Participation*, Participate System Research Report.

Westland, J.C., Clark, T. (1999), *Global Electronic Commerce: Theory and Case Studies*, Cambridge, MIT Press.

日經ＢＰ社(2002), "米國Top企業のOnline Community 活用實態調查", *eLife Research Center Case Study*, No.5

松岡裕典(2003), ネットコミュニティビジネス入門*(Net Community Business)*, 日經ＢＰ社.

KDDI(2002), "auの第3世代携帯電話發展戰略", *Wireless Japan 2002 : KDDI Mobile & IP Seminar*.

참고 사이트

[국내 사이트]

http://biz.nate.com (Nate 비즈니스)

http://mobile.daum.net (다음폰세상)

http://www.dt.co.kr (디지털타임즈)

http://www.etnews.co.kr (전자신문)

http://www.ez-i.co.kr (LGT)

http://www.magicn.com (KTF)

http://www.mic.go.kr (정보통신부)

http://www.nate.com (SKT)

http://www.nca.or.kr (한국전산원)

http://www.nso.go.kr (통계청)

http://www.psynet.co.kr (사이넷)

[국외 사이트]

http://japan.internet.com (japan.internet.com)

http://webzone.friendzone.ch/flash/home.html (Friend Zone)

http://www.arc.com (ARC Group)

http://www.carbonpartners.co.uk (Carbon Partners)

http://www.freparnetworks.co.jp (Navigety)

http://www.gartner.com (가트너그룹)

http://www.imahima.co.jp (Imahima)

http://www.itmedia.co.jp (Zdnet Japan)

http://www.tca.or.jp/ (일본전기통신사업자협회)

http://www.upoc.com (UPOC)

모바일 커뮤니티의 지각된 특성이 전반적인 만족, 재방문 의도에 미치는 영향에 관한 연구

안녕하십니까 ? 바쁘신 중에도 시간을 내 주셔서 감사합니다.

본 설문지는 최근 게임, 미팅서비스 등을 통해 급속히 사용자가 증가하고 있는 모바일(무선인터넷) 커뮤니티 사용자의 지각된 특성이 휴대폰 이용자들의 전반적인 만족도와 재방문의사에 어떠한 영향을 미치는 지 검증하고자 합니다.

모바일 커뮤니티는 고객의 충성도를 높이고 기업의 수익을 증가시킬 수 있는 수단으로 각광받고 있습니다. 그러나, 국내 기업들은 초창기인 모바일 커뮤니티에 필요한 효과적인 마케팅 전략을 수립하지 못하고 있으며, 이를 위한 실증적이고 체계적인 연구 또한 매우 미미한 실정입니다. 따라서 본 연구의 결과는 기업들이 모바일 커뮤니티를 활용하여 효과적인 마케팅 전략을 수립할 수 있는 토대를 마련하는데 유용한 연구자료가 될 것으로 기대됩니다.

각 설문에 대한 정답은 없으며, 오직 귀하가 생각하시고 느끼시는 대로만 답변해 주시면 됩니다. 설문지를 통하여 얻어진 귀하의 의견은 오직 논문에만 활용될 것이며, 자료의 처리과정에 있어서도 절대 비밀이 보장될 것입니다. 아울러, 귀하의 의견은 본 연구의 귀중한 자료가 될 것 입니다.

2004년 4월

지도교수 : 한국외국어대학교 경영학과 교수 정인근
연구자 : 한국외국어대학교 경영학과 강사 김윤호
연락처 : Tel : 02)016-317-0575, E-mail : kic555@empal.com

 모바일 커뮤니티(공동체)는 귀하의 휴대폰을 통해 무선인터넷 (SKT-네이트, KTF-매직엔, LGT-이지아이) 접속하여 이동통 신사에서 제공되는 블로그, 채팅, 미팅, 폰페이지, 동호회, 게시 판, 클럽, 모바일캠퍼스 등 커뮤니티형 서비스를 말합니다.

[서비스 예시화면]

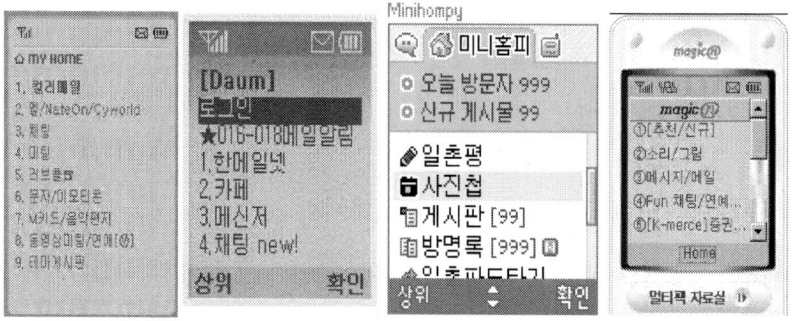

설문지의 구성 및 설문 체크 방법

본 설문지는 5점 척도에 근거하여 구성되어 잇으며, 각 항목에 대한 귀하의 견 해와 일치하는 번호위에 √ 표시해 주시길 바랍니다.

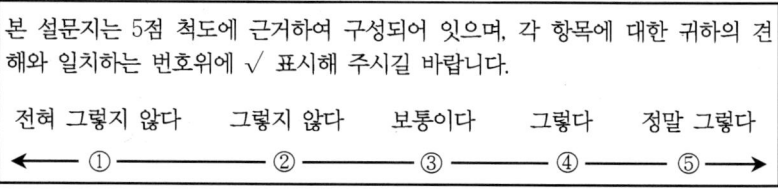

---

* 앞으로의 질문은 귀하가 가장 적극적으로 활동하시거나 활동하기를 희망하는 무선인터넷 커뮤니티(공동체)에 대해서 귀하가 어떻게 생각하는지에 대한 질문입니다.

가장 적극적으로 활동하시거나, 활동하기를 희망하는 무선인터넷 커뮤니티(공동체)를 생각하시고 앞으로의 질문에 답해주시기 바랍니다.

I. 다음은 모바일(무선인터넷) 커뮤니티를 이용할 때 이용자의 편리한 정도를 묻는 질문입니다. 가장 적극적으로 활동하시거나, 활동하기를 희망하는 무선인터넷 커뮤니티(공동체)를 대상으로 하여 귀하가 느끼시는 바를 다음 각 항목별로 응답해 주십시요.

요인 영향정도	전혀 그렇지 않다	그렇지 않다	보통 이다	그렇다	정말 그렇다
① 전체 메뉴를 짧은 시간내 이해할 수 있다	①	②	③	④	⑤
② 다른 회원과 메시지 교환이 신속하게 이루어진다	①	②	③	④	⑤
③ 특정 메뉴를 빠른 시간안에 접속할 수 있다	①	②	③	④	⑤
④ 다른 회원과 대화하는 방법이나 도움말 기능을 잘 알고 있다	①	②	③	④	⑤
⑤ 전체 메뉴 체계를 쉽게 기억할 수 있다	①	②	③	④	⑤
⑥ 다른 회원과 대화를 나누는데 어려운 점이나 장애가 없다.	①	②	③	④	⑤
⑦ 전체 메뉴를 특별한 에러없이 검색할 수 있다	①	②	③	④	⑤
⑧ 다른 회원과 대화하는 방법을 쉽게 배울 수 있다	①	②	③	④	⑤

II. 다음은 모바일(무선인터넷) 커뮤니티에서 회원간 교류 정도를 묻는 질문입니다. 가장 적극적으로 활동하시거나, 활동하기를 희망하는 무선인터넷 커뮤니티(공동체)를 대상으로 하여 귀하가 느끼시는 바를 다음 각 항목별로 응답해 주십시요.

요인 영향정도	전혀 그렇지 않다	그렇지 않다	보통 이다	그렇다	정말 그렇다
① 회원들이 나를 반겨주는 느낌을 받는다	①	②	③	④	⑤
② 회원들끼리 동료의식을 느낀다	①	②	③	④	⑤
③ 나는 각종 활동이나 이벤트에 적극적으로 참여한다	①	②	③	④	⑤
④ 다른 회원과 대화를 나눌 때 부담이 없고 편안하다	①	②	③	④	⑤
⑤ 나의 관심사에 대한 경험을 공유할 수 있다	①	②	③	④	⑤
⑥ 회원들이 지켜야 할 규범과 규칙이 있다	①	②	③	④	⑤
⑦ 회원들은 비슷한 관심을 가지고 있다	①	②	③	④	⑤
⑧ 회원들만의 공통된 언어나 표현 방법이 있다	①	②	③	④	⑤

Ⅲ. 다음은 모바일(무선인터넷) 커뮤니티에서 콘텐츠가 가지는 특성을 묻는 질문입니다. 가장 적극적으로 활동하시거나, 활동하기를 희망하는 무선인터넷 커뮤니티(공동체)를 대상으로 하여 귀하가 느끼시는 바를 다음 각 항목별로 응답해 주십시요.

요인 영향정도	전혀 그렇지 않다	그렇지 않다	보통 이다	그렇다	정말 그렇다
① 나의 취미(선택)에 맞춰 나만의 정보를 제공받을 수 있다	①	②	③	④	⑤
② 내가 가고자 하는 장소에 대한 정보를 검색할 수 있다	①	②	③	④	⑤
③ 내가 좋아하는 메뉴(서비스)를 구성할 수 있다(나의 메뉴 설정).	①	②	③	④	⑤
④ 추가적인 연결 과정없이 서비스에 즉시 연결할 수 있다	①	②	③	④	⑤
⑤ 내가 현재 위치한 장소에 대한 정보를 제공받을 수 있다	①	②	③	④	⑤
⑥ 나만의 특정 메뉴(서비스)를 구성할 수 있다	①	②	③	④	⑤
⑦ 시간과 장소에 제한을 받지 않고 즉시 서비스에 접속할 수 있다	①	②	③	④	⑤
⑧ 나의 현 위치가 어디인지 검색할 수 있다	①	②	③	④	⑤
⑨ 나의 커뮤니티(공동체) 활동에 관한 정보를 제공받을 수 있다	①	②	③	④	⑤
⑩ 추가적 로그인 과정없이 서비스에 즉시 연결할 수 있다	①	②	③	④	⑤
⑪ 현재 나의 위치에 대한 정보를 제공받을 수 있다	①	②	③	④	⑤
⑫ 서비스를 이용할 때 연결 상태가 안정적이다(접속 불가 등 메시지가 뜨지 않음)	①	②	③	④	⑤

IV. 다음은 모바일(무선인터넷) 커뮤니티에 대한 전체적인 만족도에 대한 질문입니다. 가장 적극적으로 활동하시거나, 활동하기를 희망하는 무선인터넷 커뮤니티(공동체)를 대상으로 하여 귀하가 느끼시는 바를 다음 각 항목별로 응답해 주십시오.

요인 영향정도	전혀 그렇지 않다	그렇지 않다	보통 이다	그렇다	정말 그렇다
① 내가 속한 모바일 커뮤니티에 만족을 느낀다	①	②	③	④	⑤
② 내가 속한 모바일 커뮤니티는 다른 커뮤니티 비해 더 많은 만족감을 주었다	①	②	③	④	⑤

V. 다음은 모바일(무선인터넷) 커뮤니티에 대한 재방문의사에 관한 질문입니다.

가장 적극적으로 활동하시거나, 활동하기를 희망하는 무선인터넷 커뮤니티(공동체)를 대상으로 하여 귀하가 느끼시는 바를 다음 각 항목별로 응답해 주십시요.

요인 영향정도	전혀 그렇지 않다	그렇지 않다	보통 이다	그렇다	정말 그렇다
① 지금 이용하는 모바일 커뮤니티를 다시 방문할 것이다.	①	②	③	④	⑤
② 모바일 커뮤니티를 이용시 현재 사용하는 커뮤니티를 우선적으로 방문할 것이다	①	②	③	④	⑤
③ 지금 이용하는 모바일 커뮤니티를 다른 사람들에게 방문하도록 추천할 것이다.	①	②	③	④	⑤

* 지금까지 설문에 응해주셔서 진심으로 감사드립니다. 마지막으로 설문의 분류를 위한 간단한 질문입니다.

1. 귀하의 성별은 ? (   )
① 남자   ② 여자

2. 귀하의 나이는 ? (   )
① 10대   ② 20대   ③ 30대   ④ 40대   ⑤ 50대 이상

3. 귀하의 직업은 ? (   )
① 학생(초/중/고)   ② 대학(원)생 ③ 사무직 ④ 연구직
⑤ 판매/서비스직   ⑥ 공무원   ⑦ 농/임/수산업 ⑧ 전문직
⑨ 주부   ⑩ 자영업   ⑪ 무직 ⑫ 기타 (   )

4. 귀하의 학력은 ? (   )
① 고졸이하   ② 대학 재학중③대졸
④ 대학원 재학중   ⑤ 대학원 졸업 이상

5. 귀하의 월평균 수입(용돈)은 ? (   )
① 50만원미만   ② 50~100만원
③ 100~200만원   ④ 200~400만원
⑤ 400만원이상

6. 무선인터넷은 얼마나 자주 이용하십니까 ? (   )
① 거의 매일   ② 일주일에 3-4회

③ 1주일에 1-2회   ④ 한달에 3-4회

⑤ 한달에 1-2회   ⑥ 한달에 1회 미만

7. 귀하의 무선인터넷 평균 이용시간은 ? (   )

① 하루   ② 1주일   ③ 한달

평균 (   ) 시간 (   ) 분

8. 무선인터넷 1회 접속시 얼마나 오랫동안 접속하십니까 ?

1회 접속시 평균 (   ) 분

9. 귀하가 현재 주로 이용하시는 무선인터넷 콘텐츠는 무엇입니까 ?

(우선 순위대로 3개까지 선택하여 번호기입)

1순위 (   )   2순위 (   )   3순위 (   )

① 동영상   ② e메일   ③ 캐릭터/멜로디(소리)/사진

④ 게임   ⑤ 복권/쿠폰   ⑥ 증권/금융/재테크

⑦ 쇼핑/예매   ⑧ 채팅/커뮤니티   ⑨ 방송연예/스포츠

⑩ 위치/교통/여행   ⑪ 뉴스   ⑫ 인터넷포탈

⑬ 성인/오락   ⑭ 학습/전자책(e-book) ⑮ 기타 (   )

오랜 시간 협조해 주셔서 대단히 감사합니다.

여러분의 협조에 힘입어 좋은 연구결과가 나올 수 있도록

노력하겠습니다.

• 저자 •

김윤호   • 약 력 •

한국외국어대학교 경영학박사(주제: 모바일 커뮤니티)
한국외국어대학교 BRICs연계전공 강의
전 (주)판도라TV 전문위원
현 엔유미디어 이사

• 주요논저 •

「전자정부 구축에 대한 국가간 비교 연구 - 한국·인도·싱가포르를 중심으로」
「한·일 유비쿼터스 정책 비교와 u-Japan 발전 방향」
「한일 인터넷의 사회적 역기능의 현황과 대책」
「정보시스템 아웃소싱의 성공과 실패에 영향을 주는 요소에 관한 연구」
『나도UCC고수』
『UCC 비즈니스 : 글로벌 현장 리포트』
『모바일 콘텐츠 비즈니스로 가는 성공 로드맵』
『인터넷의 이해』
『정보검색사 실기』
외 다수

본 도서는 한국학술정보(주)와 저작자 간에 전송권 및 출판권 계약이 체결된 도서로서, 당사
와의 계약에 의해 이 도서를 구매한 도서관은 대학(동일 캠퍼스) 내에서 정당한 이용권자(재
적학생 및 교직원)에게 전송할 수 있는 권리를 보유하게 됩니다. 그러나 다른 지역으로의 전
송과 정당한 이용권자 이외의 이용은 금지되어 있습니다.

모바일 커뮤니티의 특성 연구
만족, 재방문에 미치는 영향

• 초판 인쇄   2007년 9월 15일
• 초판 발행   2007년 9월 15일

• 지 은 이   김윤호
• 펴 낸 이   채종준
• 펴 낸 곳   한국학술정보㈜
            경기도 파주시 교하읍 문발리 526-2
            파주출판문화정보산업단지
            전화 031) 908-3181(대표)·팩스 031) 908-3189
            홈페이지 http://www.kstudy.com
            e-mail(출판사업부) publish@kstudy.com
• 등   록   제일산-115호(2000. 6. 19)
• 가   격   12,000원

ISBN 978-89-534-6977-8 93320 (Paper Book)
      978-89-534-6978-5 98320 (e-Book)